Susanna Agnelli
Wir trugen immer Matrosenkleider

Susanna Agnelli

Wir trugen immer
Matrosenkleider

R. Piper & Co. Verlag
München Zürich

Aus dem Italienischen von Ragni Maria Gschwend
Das Buch wurde erst auf englisch, dann auf italienisch geschrieben. Die englische Ausgabe erschien unter dem Titel »We always Wore Sailor Suits« bei Weidenfeld & Nicolson, London 1974, die italienische unter dem Titel »Vestivamo alla marinara« bei Arnoldo Mondadori Editore, Mailand 1975.

ISBN 3-492-02219-7
© Susanna Agnelli 1975
Deutsche Ausgabe:
© R. Piper & Co. Verlag, München 1976
Gesetzt aus der Trump-Mediäval
Gesamtherstellung: Welsermühl, Wels
Printed in Austria

Für meine Kinder

Maybe that's all understanding
is: a terrific familiarity.

Vorbemerkung

Als mich ein englischer Verleger aufforderte, ein Buch zu schreiben, wußte ich nicht, daß er jede Frau, der er begegnet, auffordert, ein Buch für ihn zu schreiben.
Eigentlich wollte der Verleger ein Buch über den Faschismus oder über das Leben einer reichen Familie im faschistischen Italien.
Nun bin ich zufällig 1922 zur Welt gekommen, im gleichen Jahr, in dem Mussolini an die Macht kam, und habe mich 1945 verheiratet, in dem Jahr, in dem der Faschismus mit dem Ende des Krieges und dem Tod Mussolinis ausgespielt hatte.
So ist dieses Buch zur Geschichte meines Lebens während der Zeit des Faschismus geworden. Ich glaube allerdings, daß mein englischer Verleger davon enttäuscht war. Er hatte sich mehr Skandale, mehr Klatsch, mehr Namen erwartet.
Ich habe das aufgeschrieben, an was ich mich erinnerte, wobei ich genauso schrieb, wie ich normalerweise spreche. Manchmal habe ich Episoden wiedergegeben, die mir seinerzeit erzählt wurden, auch wenn ich später entdeckte, daß sie nicht der Wahrheit entsprachen. So zum Beispiel, daß Axel Munthe meine Großmutter, Princess Jane, gebeten habe, das Trinken aufzugeben. Das stimmt zwar nicht, aber als Kind war ich dieser Meinung.

Man hat mir vorgeworfen, nie die Tatsache zu erwähnen, daß mein Großvater 1899 die Fiat-Werke gegründet hat. Aber über ihn sind ganze Bücher voller Daten und Fakten geschrieben worden. Für mich war er »der Großvater« oder »der Senator«; so wie Galeazzo Ciano ein Freund war, die Fürstin von Trabia Raimondos Großmutter und Malaparte ein Mann, der meine Mutter sehr gern hatte.

Das also ist mein Leben, wie es mir in Erinnerung geblieben ist, bis zu dem Tag, an dem ich mich verheiratete.

Der Korridor war lang, rechts und links davon lagen die Schlafzimmer. Auf halber Höhe des Gangs befand sich das Spielzimmer, vollgestopft mit Regalen und Spielsachen, in dem wir uns fast immer aufhielten. Wir waren viele Kinder und hatten zahlreiche Gouvernanten, die einander nicht mochten: sie saßen im Spielzimmer und beklagten sich über die Kälte, über die Heizung, über die Dienstboten, übers Wetter, über uns. Im Winter brannten immer die Lampen; das Turiner Licht, das durch die Fenster hereindrang, war grau und milchig.

Wir trugen immer Matrosenkleider: blaue im Winter, blauweiße in der Übergangszeit und weiße im Sommer. Zum Abendessen zogen wir uns ein elegantes Kleid und seidene Kniestrümpfe an. Mein Bruder Gianni wechselte nur den Matrosenanzug.

Beim abendlichen Waschen ging es sehr laut zu, mit viel Gekreisch und Geplansche. Wir drängelten uns im Badezimmer, in der Badewanne und brachten die Zimmermädchen zur Verzweiflung. Sie kämmten und bürsteten uns die langen krausen Haare und banden sie schließlich mit riesigen schwarzen Schleifen zusammen.

Dann erschien Miss Parker. Wenn sie uns alle beisammen hatte, sagte sie: »Let's go, und macht keinen Lärm!« Wir flitzten so schnell wir konnten den Korridor entlang, durch

die marmorne Eingangshalle, wirbelten um die Ecke, wobei wir uns an der Säule der Herrschaftstreppe festhielten, und weiter bis zum kleinen Eßzimmer, wo wir keuchend stehenblieben. »Ich habe euch doch gesagt, ihr sollt nicht rennen«, tadelte Miss Parker, »one day verletzt ihr euch, und wir sind daran schuld. Dann werdet ihr es keinem danken.«
Zu essen gab es immer das, was wir am wenigsten mochten; ich glaube, das gehörte zu unserer britischen Erziehung. Und was wir auf den Teller bekommen hatten, mußte aufgegessen werden. Mein Alptraum waren weiße Rüben und gekochtes Fleisch, bei dem kleine helle, elastische Sehnen zum Vorschein kamen. Wer seinen Teller nicht leeraß, bekam ihn bei der nächsten Mahlzeit wieder vorgesetzt.
Den Nachtisch durften wir reihum bestimmen, jeden Tag ein anderer. Kam die Reihe an Maria Sole, sagten wir zu ihr: »Such jetzt um Himmels willen nicht wieder Crème caramel aus, die keiner ausstehen kann!« Unabänderlich fragte Miss Parker: »Nun, Maria Sole, was für eine Nachspeise morgen? It's your turn.« Maria Sole zögerte, errötete und flüsterte: »Crème caramel.«
»Aber warum sagst du immer wieder Crème caramel, wenn du sie gar nicht magst?«
»Mir fällt nichts anderes ein.«
Bis heute habe ich nicht herausgefunden, ob ihr diese verdammte Crème caramel wirklich schmeckte und sie es bloß nicht zugeben wollte oder ob ihr nur die Anstrengung, sich einen anderen Nachtisch auszudenken, zu groß war.
Nach dem Mittagessen machten wir lange Spaziergänge. Wir durchquerten die Stadt bis zur Piazza d'Armi, wo die Soldaten exerzierten. Nur wenn es regnete, durften wir unter den Arkaden gehen (den berühmten Arkaden von Turin) und die Auslagen der Geschäfte ansehen. Natürlich ohne stehenzubleiben, denn ein Spaziergang ist ein Spaziergang

und kein Herumbummeln, das nicht der Gesundheit dient. Turin war, auch damals, für seine Konditoreien berühmt. Im künstlichen Licht der Schaufenster erschienen arabeskenverzierte Torten, cremegefüllte kleine Kuchen, Pralinen, Marzipan, Berge von Brioches und Platten mit bunten, wie Blumen angeordneten Fondants, aber wir hätten es niemals zu träumen gewagt, daß man ein solches Geschäft betreten und diese verführerischen Köstlichkeiten erstehen könnte. »Man ißt nicht zwischen den Mahlzeiten, das verdirbt den Appetit«, lautete eine eiserne Regel, die in Frage zu stellen mir nie in den Sinn gekommen wäre.
So marschierten wir von zwei bis vier – Matrosenmantel und runde Matrosenmütze mit dem Namen eines Schiffes Seiner Britischen Majestät auf dem Band, Miss Parker in der Mitte, zwei von uns auf der einen, eines oder zwei auf der anderen Seite – bis es Zeit wurde, nach Hause zurückzukehren.
Wir blickten voll Neid auf die Kinder, die in den Alleen des Corso Duca di Genova oder in den öffentlichen Anlagen spielen durften. Da sah man Gruppen von Ammen mit farbigen Röcken, Spitzenschürzen und Kopftüchern aus glänzender Seide, die mit goldenen Filigranbroschen am Haar befestigt waren. Alle trugen sie das gleiche Jäckchen aus schwarzem Kaninchenpelz, das jeder zustand, die in eine Familie ging, um das Neugeborene zu säugen; später blieben diese Frauen dann als sogenannte »Trockenammen« im Haus. Die Babys saßen in ihren Kinderwagen; die größeren Kinder spielten miteinander, hatten einen Reifen, Murmeln, einen Roller; sie hatten Kameraden, und sie stritten, schwatzten, sprangen umher, grölten. Wir marschierten. Miss Parker verabscheute die Ammen, die den Kindern die Schlüpfer heruntergozen, sie an den Beinen gegen einen Baum hielten und »pss, pss« machten.

Ein paar Familien hatten ein englisches Fräulein. In diesem Fall wollte Miss Parker nicht, daß wir mit Kindern spielten, deren Eltern nicht in unserem Haus empfangen worden waren. »Don't forget, you are an Agnelli«, fügte sie hinzu.
Um vier Uhr kehrten wir nach Hause zurück, machten unsere Aufgaben, spielten. Während ich Gianni half, die Dampflokomotive oder die elektrische Eisenbahn in Betrieb zu setzen, kroch die Furcht vor der Dunkelheit und der herannahenden Nacht in mir hoch.
Unsere Eltern sahen wir nach unserem Abendessen, während sie sich für das ihre fertigmachten. Manchmal, wenn sie nicht zu viele Gäste hatten, saßen wir mit ihnen in der Bibliothek, bis das Essen aufgetragen wurde. Und hin und wieder durften wir uns sogar mit an den Tisch setzen. Aber da wir mit dem Wachs der Kerzen herumspielten und lästig fielen, schickte man uns gleich wieder fort. Im Spielzimmer las uns Miss Parker dann eine Geschichte vor, oder wir machten ein Spiel, bis es hieß: »Time for bed now! Putzt euch die Zähne, ich komme in zehn Minuten zum Gute-Nacht-Sagen; vergeßt nicht, die Kleider ordentlich hinzulegen und euer Nachtgebet zu sprechen.«
Ich kniete im Schlafzimmer nieder und betete verzweifelt. Ich küßte das Kruzifix und die Madonna neben meinem Bett und bat nur darum, nicht zuviel Angst haben zu müssen und schlafen zu können, ohne in der Nacht aufzuwachen.
Ich schlüpfte ins Bett. Jeder von uns hatte sein eigenes Zimmer, und wenn Miss Parker hereinkam, schlang ich die Arme um ihren Hals, preßte sie an mich und flehte sie an, die Tür offenzulassen, »nur ganz, ganz wenig«, damit ich das Licht sehen könne. »Nein, nein«, antwortete sie ruhig, »du mußt lernen, im Dunkeln zu schlafen, it is silly, Angst zu haben.«
Wenn sie wegging, sah ich für ein Weilchen das Licht aus

dem Spielzimmer durch den Spalt unterhalb der Tür dringen. Erlosch dann das Licht, erstarrte ich in dem Gefühl, nun allein im Dunkeln zu liegen. Ich stand auf, ging in die Zimmer meiner Geschwister und sah, wie sie schliefen; mir schien, als wären sie gar nicht vorhanden, weil wir nicht miteinander reden und sie mich nicht sehen konnten; mir war, als sei ich tot; und ich hatte noch mehr Angst. Ich ging ins Bett zurück und machte Pipi, um ein Gefühl von Wärme und Leben zu empfinden. Manchmal schrie ich. Aber niemand hörte mich, oder wenn sie mich hörten, taten sie so, als ob sie mich nicht hörten.
Wenn ich morgens aufwachte, interessierte mich nur, daß es hell war und die Menschen um mich herum lebendig. Tagsüber vergaß ich.

Vigiassa war für uns eine Quelle ständigen Vergnügens. Im Haus wurde sie verachtet, weil ihr Mann sie mit einer kleinen Tochter sitzengelassen hatte und nach Amerika gegangen war. Vigiassa hatte rote Haare und eine Haut voller Sommersprossen. Sie wollte »Amme Vigia« genannt werden, obwohl sie gar nicht als Amme, sondern als Kindermädchen für Cristiana bei uns eingestellt worden war. Später wurde sie Zimmermädchen der Kinder und stritt sich ständig mit den jungen Herrschaften und den englischen Nannies herum. Nur Miss Parker wurde von ihr respektiert, denn Miss Parker war gerecht, obgleich protestantisch. Vigiassa zitterte vor unserem Vater. War Papa guter Laune, so überredeten wir ihn, Vigiassa vor dem Abendessen in sein Zimmer rufen zu lassen, als ob er sie ausschimpfen wolle. Vigiassa erschien, röter denn je und schweißgebadet, schaute mit furchtsamen und erschrockenen Augen um sich, bis sie uns hinter einem Vorhang kichern hörte und Papa sagte: »Schon gut, Luisa, ich wollte nur wissen, wie es dir geht.« Hinterher heulte sie und sagte zu uns: »Das dürft ihr nicht machen, ich hab' solche Angst und muß schwitzen, und dann sagt die Mama, daß ich ›rieche‹. Natürlich ›rieche‹ ich, aber das kommt nur davon, weil ich rothaarig bin; das ist nicht meine Schuld, dagegen kann man gar nichts machen, auch wenn ich mich viel mehr wasche als die anderen.« Wir lachten. Sie setzte sich schließlich an den Tisch des kleinen Garderobezimmers, auf dem die Kleider meiner Mutter gebügelt wurden, und sang uns ein eintöniges, trauriges Lied vor, in dem es hieß: »Er ist fort nach Merika, er ist fortgegangen.«

Der Teil des Hauses, der auf die Via Papacino hinausging, gehörte uns, den Kindern. Er mündete in eine überdachte Terrasse, die später in eine Turnhalle umgewandelt wurde. Die Zimmer unserer Eltern gingen dagegen auf den Corso Oporto, dort, wo die Allee in seiner Mitte von Kastanien gesäumt wurde. Zum Corso hin lagen auch die Bibliothek sowie der kleine und der große Salon, deren Türen sich auf die marmorne Eingangshalle und die Herrschaftstreppe öffneten.
Der dritte Trakt des Hauses, in dem sich die Küchen, die Wirtschaftsräume und die Zimmer der Dienerschaft befanden, ging auf die Via Avogadro. Mitten zwischen diesen Dienstbotenräumen lag ein kleines Studierzimmer, in dem wir unseren Privatunterricht erhielten; es war ein fröhliches Zimmer voller Bücher. Vielleicht war es so fröhlich, weil man rundherum das Lachen und Arbeiten der Dienstboten hörte. Die drei Flügel des Hauses umschlossen einen Hof mit einem weißen Marmorbrunnen. Im Frühling fuhren wir mit den Rädern im Kreis um den runden Brunnen. Wenn wir mit zehn Jahren aufs Gymnasium kamen, besuchten wir die öffentliche Schule, aber bis dahin wurden wir zu Hause privat unterrichtet. Wir lernten bei Fräulein Corsi. Fräulein Corsi war neurotisch und sehr umständlich, und Miss Parker hätte sie, wäre sie gefragt worden, be-

stimmt nicht als Lehrerin für uns ausgesucht. Schon allein deshalb nicht, weil Fräulein Corsi darauf bestand, daß ihr um halb elf ein Cappuccino serviert wurde, und das widersprach sämtlichen Prinzipien von Miss Parker. Es verging kein Tag, an dem uns Fräulein Corsi nicht an den Cappuccino erinnerte. Sie hatte ausdrücklich darauf hingewiesen, daß sie den Unterricht bei uns nur halten könne, wenn sie ihren Cappuccino bekäme, denn ohne Cappuccino, hatte sie erklärt, würde sie ohnmächtig. So war man widerstrebend auf ihre Bedingungen eingegangen, und jetzt hatte sie ein Recht auf ihren Cappuccino, der, wie sie nicht versäumte, uns jeden Vormittag zu berichten, aus schwachem, lauwarmem Kaffee und gekochter Milch mit Haut bestehe und, wenn auch auf einem silbernen Tablett von einem Dienstmädchen mit Häubchen serviert, ausgesprochen schlecht sei, ausgesprochen schlecht, wiederholte sie.
Fräulein Corsi hatte die Angewohnheit, beide Hände nach oben zu strecken und sie wie Fähnchen in der Luft zu schwenken, um ihren Schweiß zu trocknen. Sie war sehr empfindlich und mußte zum Schutz ihrer Blusen Schweißblätter aus Gummi unter den Achseln tragen. Sie hatte violette Ringe unter den Augen und ein langes, trauriges und blasses Gesicht. Man roch ihren Schweiß. Betrat mein Vater, was selten vorkam, das Zimmer, um sich nach unseren Fortschritten zu erkundigen, faßte Fräulein Corsi mit beiden Händen das Vorderteil ihrer Bluse und zog es zwei- oder dreimal vom Körper weg, um ihre Achselhöhlen zu lüften. Mein Vater ging sofort wieder hinaus.
»Arme Anna«, sagte Fräulein Corsi, wenn sie von sich sprach. Ab und zu spielte sie in geheimnisvollem Ton auf einen Hauptmann an, den es in ihrem Leben gebe.
Eines Nachmittags kam Vigiassa ins Spielzimmer und flüsterte etwas über Fräulein Corsi. Miss Parker machte »tsch,

tsch«, als ob sie einen im Käfig lärmenden Vogel zum Schweigen bringen wolle, dann schüttelte sie mißbilligend den Kopf, zog ihren Mantel an und ging fort. Um diese Stunde des Tages etwas Unerhörtes.
Von den Zimmermädchen erfuhren wir, daß Fräulein Corsi versucht hatte, sich umzubringen, »wegen des Hauptmanns«. Eine Woche lang kam sie nicht zum Unterricht, dann erschien sie wieder, blasser denn je und mit noch dunkleren Ringen unter den Augen, immer mehr einem toten Fisch hinter einem Vergrößerungsglas ähnlich. Keiner sprach je über das, was vorgefallen war.
Selbstmorde waren damals sehr in Mode. Die Zimmermädchen, die sich in den Butler, einen großen Don Juan, verliebten, pflegten unten in ihren Zimmern eine Überdosis Schlafmittel zu schlucken.
»Alles deine Schuld, Virginia«, sagte Großmutter Jane zu meiner Mutter, »du schenkst diesen Mädchen dauernd deine seidene Unterwäsche. Was erwartest du? Sie müssen sie schließlich jemandem zeigen.«
Diese eleganten und raffinierten Zimmermädchen meiner Mutter blickten voll Verachtung auf die anderen Hausmädchen herab, die mit Dienern und Chauffeuren ins Bett gingen. Stritten die sich mit ihren Liebhabern einmal herum, dann sagten sie zwar entsetzliche Dinge, aber sie versuchten nicht, sich umzubringen. Selbstmord lag über ihrem sozialen Niveau.

Am oberen Ende des Dienstbotenaufgangs, den man vom Hof aus betrat, waren einige Kammern an andere Leute vermietet. In einer davon wohnte die Pignolo. Sie war Kinderschneiderin.
Man stieg die schmutzigen und verräucherten Stufen hoch, drehte an der Holztür eine Klingel, die wie eine Fahrrad-

glocke aussah, und wartete. Wenn die Pignolo öffnete, war man zuerst entsetzt über den Küchengeruch, der aus dem Topf unterm Fenster hochstieg, und dann entzückt von den bestickten Kleidchen, die überall im Zimmer herumhingen. Es gab Stoffe in den verschiedensten Schattierungen, Seiden, Tafte, Lochstickereien, Bänder in allen Längen und Breiten. Inmitten dieser Pracht stand die Pignolo, die aussah wie eine Eichel auf zwei dünnen Beinchen; wenn sie auf ihrem Hocker an der Nähmaschine saß, glich sie den Figuren auf den »happy families«-Karten, mit denen wir eine Etage tiefer vor dem Schlafengehen spielten. Die Pignolo nähte und nähte. Und was sie in die Hand nahm, wurde so schön, daß man den Geruch nach abgestandenem Essen, der ihre Dachkammer erfüllte, völlig vergaß.

Auch in der Portierloge stank es nach Essen. Der Geruch drang aus der kleinen Tür, wenn Guglielmo den Gästen, die aus den vorgefahrenen Autos stiegen, die Glastüre öffnete. Meine Mutter verabscheute den Geruch von Zwiebeln und Knoblauch und erlaubte nicht, daß diese Gewürze in der Küche verwendet wurden. Aber Giuseppina war vor ihrer Heirat mit Guglielmo viele Jahre lang ihre Zofe gewesen, und sie kochte stets fröhlich mit Knoblauch und Zwiebeln. Auf die Vorhaltungen meiner Mutter erwiderte sie mit blitzenden schwarzen Augen, man müsse einem Mann das vorsetzen, was ihm schmecke.

Wenn wir sicher sein konnten, daß Miss Parker uns nicht entdeckte, ließ uns Giuseppina ihre leckeren Gerichte mit viel Tomaten und seltsamen Gewürzen probieren. Guglielmo war groß, freundlich, dumm und sah in seiner Livrée sehr stattlich aus. Giuseppina war klein, zierlich und flink, wie es nur eine piemontesische »Madamin« sein kann. Sie bediente das Telefon, und sie wußte alles, was im Hause vorging.

Mitte Juni brachte man uns in eine wenige Straßen entfernt liegende Schule, damit wir zusammen mit den anderen Kindern die Prüfung zur Versetzung in die nächste Klasse ablegten. Der Geruch nach Tinte, nach Bleistiften, nach den Haaren der Schulkinder mischte sich mit der kühlen Luft der Klassenzimmer und der breiten Korridore. Die anderen Kinder, die das ganze Schuljahr zusammen verbracht hatten, musterten mich, die Privatschülerin, mit einer Mischung aus Neugier und Mitleid. Ich trug keinen Schulkittel, sondern ein Matrosenkleid, und meine lockigen Haare waren länger als üblich. Einmal, bei der Prüfung für die vierte Klasse, rief mich die Lehrerin nach vorn. Ich stieg die drei Holzstufen zum Katheder empor und blieb vor der Tafel stehen. Die Lehrerin prüfte mich in Geographie.
»Erzähl mir von Venedig«, sagte sie. Dann: »Bist du in Venedig gewesen?«
»Ja.«
»Lernt man bei euch zu Hause keinen Anstand?«
Ich schwieg erstaunt. Ich verstand nicht, worauf sie hinauswollte.
»Lernt man bei euch nicht, daß man ›Ja, Signora‹ antwortet?«
»Nein«, gab ich zur Antwort.

»Nein, Signora«, verbesserte sie mich gehässig, und ich bemerkte in ihren Augen eine seltsame Befriedigung. Später habe ich begriffen, daß das eine Art Rache war.
Nach dem Examen fuhren wir ans Meer.

Ich bin zehn Jahre alt. Ich gehe in die Schule, alles ist schwarz. Draußen ist es dunkel wie Linsensuppe, der Nebel kitzelt im Hals. Das Licht in der Mitte des Zimmers wird angezündet. Wir rennen ins Bad, putzen uns die Zähne und ziehen die Kleidungsstücke an, die gestern auf dem Stuhl bereitgelegt wurden: dicke schwarze Wollunterhosen unter dunklem Matrosenrock, Kniestrümpfe aus schwarzer Wolle. Das Zimmermädchen bürstet mir die Haare und bindet sie mit einem schwarzen Band zusammen; meine Haare plustern sich in dichten goldenen Locken um die Schultern und bedecken den Kragen meiner Matrosenbluse. Meine schwarze Schulmappe ist vollgepackt mit den Büchern für die heutigen Unterrichtsstunden, dazu Hefte, Wörterbuch, Füllfederhalter, Lineal; eine Hälfte der Bücher auf der einen Seite, die zweite auf der anderen. In den Raum dazwischen stecke ich ein kleines weißes, glänzendes Päckchen, das uns zusammen mit dem Frühstück gebracht wird. Wir sitzen artig am Frühstückstisch, trinken die heiße Milch und kauen die Toasts mit Butter und Marmelade. Dann schlüpfen wir in die dunkelblauen Matrosenmäntel. Miss Parker steht bereits in Hut und Mantel da, und gemeinsam machen wir uns auf den Weg zum Gymnasium und Lyzeum D'Azeglio. Die Schulmappe ist sehr schwer. Meine Hand wird steif vor Kälte. Während ich die Stufen zur

Schule hinaufrenne, zeigt sich langsam so etwas wie ein Tag. Mein Bruder betritt das Gebäude durch den Knabeneingang in der Via San Quintino. Er verschwindet, und wir sehen uns erst mittags wieder, wenn uns Miss Parker vor dem Tor abholt, an dem sie mich jetzt verlassen hat.
Fast alle Kinder kommen allein zur Schule. Ein paar werden von ihren Müttern gebracht, das eine oder andere von einem Dienstboten. Einige wenige Mädchen, Töchter von Offizieren, haben einen Soldaten, der sie begleitet: den Burschen des Vaters. Die Dienstboten, die Burschen und manchmal sogar die Mütter tragen die Mappen ihrer Schützlinge. »Beschämend«, sagt Miss Parker. Ab und zu kommt ein Kind sogar mit Auto und Chauffeur zur Schule. Miss Parker findet das äußerst vulgär. Nie und nimmer werden wir mit dem Auto in die Schule fahren dürfen; auch nicht bei Gewitter, Platzregen oder Schnee.

Wir sitzen in einem häßlichen und tristen Klassenzimmer, zehn oder zwölf Mädchen, den schwarzen Schulkittel überm Kleid, inmitten von dreißig Jungen. Die Unterrichtsstunden sind langweilig und unpersönlich. Sie bestehen im allgemeinen darin, daß ein Schüler an die Tafel gerufen und über das zu Hause gelernte Pensum abgefragt wird, worauf der Lehrer sehr geheimnisvoll eine Zensur in ein Buch einträgt. Alle halten den Atem an, bis der Name des Aufgerufenen fällt, dann geben sie sich bis zum Ende der Befragung wieder ihren eigenen Gedanken hin. Die Zeit, die der Lehrer dem Unterrichten oder Erklären, dem gemeinsamen Lesen oder dem Gespräch mit den Kindern widmet, wird so knapp wie möglich gehalten. Die Beziehung zwischen Lehrer und Schüler basiert im wesentlichen auf der Bedrohung durch die winzige Note, die in dieses geheimnisvolle Buch eingetragen wird.

Um zehn Uhr ist Pause; die Mädchen gehen in einen großen, unfreundlichen Raum, der auf einen Balkon führt, an dessen Seiten sich jeweils ein schmutziges und stinkendes Klo befindet. Der Gestank dringt auch in den Raum, in dem wir während der zehn Minuten Pause im Stehen unser mitgebrachtes Brot essen dürfen. Die Mädchen schauen voll Neid auf das Sandwich aus meinem weißen Päckchen: Weißbrot mit Butter und Hühnerfleisch, das ich nicht ausstehen kann. Ich schaue voll Neid auf ihr Schwarzbrot mit Salami oder auf ihr Stück Kastanienkuchen oder Schokoladenbrot. Mit der Zeit lerne ich, mein Pausenbrot gegen das ihre zu tauschen.

Danach kehren wir in das Klassenzimmer zurück, und der Unterricht geht in der gleichen Eintönigkeit weiter, bis die Mittagsglocke läutet und wir alle die Treppe hinunterstürmen, hinaus auf die graue Straße. Miss Parker steht da und wartet. Wir finden Gianni und machen uns auf den Heimweg. Ich hasse die Schule, die Unterrichtsstunden, die Hausaufgaben, den Mangel an Interesse und Zuneigung. Ich hasse Schwarz.

An bestimmten Abenden herrscht unter den Dienstboten große Aufregung. Einer der Diener geht mit einer Eisenschaufel voll glühender Holzkohle durchs Haus, durch die Bibliothek und die Salons, die Marmortreppe hinauf und hinunter. Alle zehn Schritte bleibt er stehen und schüttet aus einem kleinen Fläschchen, das er in der anderen Hand hält, Tropfen einer öligen Flüssigkeit auf die Glut. Der duftende Rauch zieht an den Vorhängen hoch, an den Tapeten, an den Bildern; er bleibt in der Luft. Vigiassa sagt uns, daß der Fürst von Piemont zum Essen komme und daß »Mammà« angeordnet habe, wir sollten uns in der Eingangshalle aufstellen, um den Fürst und die Fürstin mit einem Hofknicks zu empfangen. Papa und Mama stehen mit uns am Fuß der großen Treppe; Gianni trägt einen Matrosenanzug, wir vier Schwestern habe alle die gleichen röschenbestickten Organdykleider an. Mein Vater ist nervös, weil meine Mutter wieder einmal nicht zu der von ihm bestimmten Zeit fertig war. Meine Mutter sieht bildschön aus. An der Auffahrt erscheinen die Lichter eines Autos. Die schwere Glastüre wird von Guglielmo aufgerissen, der in seiner dunkelblauen Livrée schöner und würdevoller erscheint denn je. Der Fürst und die Fürstin treten ein. Es sind echte königliche Hoheiten; er in Uniform, lächelnd; sie mit einem Diadem und träumerischen blauen Augen; beide schön, jung und glücklich. Wir machen unseren Knicks; sie küssen uns aufs Haar. Dann schreiten sie die Treppe hinauf, und uns schickt man ins Bett.

Im Vorbeigehen werfen wir einen Blick auf die Gäste. Die Männer sind alle im Frack; auf der linken Seite, in Höhe des Herzens, tragen sie bunte Ordensbänder. Auch Mario Garassino, der Butler, trägt seine Auszeichnungen. Er war im Krieg sehr tapfer gewesen und sogar verwundet worden; die Zimmermädchen sind hingerissen. Vor dem Eintreffen der Gäste durften wir in den Speisesalon gehen, um das gestickte, spitzenbesetzte Tischtuch zu bewundern, die Blumenarrangements, die mit Pralinen, Pfefferminz und Fondants gefüllten Schalen aus vergoldetem Silber und die Gläser in verschiedenen Formen und Farben, die vor jedem der mit einem zarten Rosenmuster verzierten Porzellanteller aufgereiht standen. Die kleinen Fleuristinnen liefen verschreckt hin und her und reichten Madame Asinari, die der Dekoration den finishing touch verlieh, Blütenzweige zu, während in einer Ecke ein Zimmermädchen mit dem heißen Eisen in der Hand ungeduldig darauf wartete, ein letztes Fältchen aus dem Tischtuch zu bügeln, sobald all diese Leute endlich verschwunden wären.

Ein andermal ist es mein Großvater, der zum Diner kommt und alle im Haus nervös macht. Im allgemeinen kommt er allein, ohne die Großmutter. Die Großmutter ist fast immer krank; sie liegt zu Bett, ohne ein besonderes Leiden zu haben, verbreitet Bosheiten über alle und läßt sich von Mann und Sohn bedauern und verwöhnen.

Der Besuch des Senators erfüllt alle mit Angst. Nur wenige Personen sind mit ihm zum Essen eingeladen. Ich glaube, daß er die Freunde und die Lebensführung meiner Eltern mißbilligte. Er erscheint auf den Glockenschlag pünktlich und geht, den Lift verschmähend, zu Fuß die Treppe hoch. Mein Vater kommt aus der Bibliothek, um ihn oben zu empfangen. Sie reichen sich die Hand; meine Mutter tritt eilig durch eine Seitentür in die Bibliothek; mein Vater wirft ihr einen wütenden Blick zu: schon wieder hat sie sich verspätet. »Wie geht es dir, Senatore?« – strahlend geht sie auf meinen Großvater zu; er betrachtet sie und, entzückt von ihrer Art sich zu geben, lächelt endlich auch er.
Für gewöhnlich nehmen die Gäste meiner Eltern einen Cocktail; mein Großvater trinkt nur einen Wermut. Das Essen wird sehr bald darauf serviert. Die Blumen, das Tischtuch, das Menü sind anders als bei den sonstigen Einladungen: alles ist eine Spur schlichter. Wir dürfen zum Gute-

Nacht-Sagen kommen, ehe die Gäste ins Speisezimmer hinübergehen. Der Großvater legt keinen sonderlichen Wert auf unsere Anwesenheit. Mein Vater wirkt verlegen, meine Mutter leicht gelangweilt. Der Senator kommt selten.

Manchmal, am Samstagabend, sind wir bei den Großeltern zum Essen eingeladen. Sie wohnen in einer Villa mit Garten, die Schlafzimmerfenster gehen auf den Valentino-Park. Unsere Vettern und Kusinen und einige alte Freunde oder entfernte Verwandte sind auch da. Die Damen tragen Dunkel: langärmlige Hemdblusenkleider aus Crêpe de Chine in Pflaumenblau oder Flaschengrün. Die Großmutter hat ein grau-weißes Pelzcape um ihre mageren Schultern gelegt. Sie ißt ihre Spezialgerichte: eine kleine Portion Joghurt oder ein winziges Fleischklößchen, zwei Löffel Spinat, eine kandierte Aprikose in kleine Stückchen zerteilt. Beim Essen verzieht sie das Gesicht, um uns begreiflich zu machen, wie sehr sie all diese Dinge, die man ihr vorsetzt, verabscheut. Uns dagegen werden »Fritti misti« mit Kroketten serviert und bunte Cassatastücke, eine Spezialität von Bastone, dem neapolitanischen Küchenchef.

Wir genießen diese Speisen, die so ganz anders sind als das, was wir zu Hause bekommen, und wir sind ganz verrückt nach dem ziemlich süßen Weißwein, der hier auch den Kindern gereicht wird.

Nach dem Essen wird der Kaffee im kleinen Salon eingenommen, und mein Großvater zieht sich mit zwei oder drei Herren zu einem ernsthaften Gespräch in ein kleines Arbeitszimmer zurück. Unterdessen wispert meine Großmutter: »Wie häßlich sie ist; seht nur, sie hat einen Mund wie eine Violine, voller Löcher und Saiten«; gemeint ist die unglückselige Gattin eines der Eingeladenen, die ihrerseits, nicht ahnend, was über sie gesprochen wird, höflich lächelt.

Meine Großmutter sieht bei allen Menschen stets das Schlechteste und bringt es mit ebenso niederträchtigem wie amüsantem Witz zum Ausdruck. Kurz darauf erhebt sie sich aus ihrem Sessel, um schlafenzugehen, und wenig später empfehlen sich alle.

Das Essen bei den Großeltern bedeutet für uns eine willkommene Abwechslung. Die Atmosphäre ist weniger »fein«, und die Gouvernanten sind nicht eingeladen.

1933. Ich bin elf Jahre alt. Mussolini kommt nach Turin. Es findet ein gewaltiger Aufmarsch sämtlicher Schüler in faschistischen Uniformen statt, eine Turnvorführung im Stadion und danach ein militärisch gegliederter Paradezug durch die Innenstadt. Ich bin glücklich. Da ich für mein Leben gern singe, schmettere ich die faschistischen Hymnen aus vollem Halse mit, bis mich der Lehrer bittet, doch nur den Mund zu bewegen und so zu tun, als ob ich sänge, denn ich singe so falsch, daß man mich selbst aus diesen Tausenden von Stimmen noch heraushört. Die »Aufmarsch-Tage« sind die einzigen, an denen es uns erlaubt ist, allein durch die Stadt zu gehen, Straßenbahn zu fahren, mit Schulkameraden zu bummeln, klebrige Bonbons zu lutschen und zu beliebiger Zeit nach Hause zu kommen. Es ist nicht möglich, daß Miss Parker uns abholt, da niemand weiß, wann und wo der Aufmarsch zu Ende ist.
So lerne ich die Freiheit kennen.
Auch mein Vater ist in faschistischer Uniform. Er betrachtet sich im Spiegel und bricht in Lachen aus. Tagelang wird er uns die Turiner Damen in ihren albernen Baskenmützen und ihren absurden schwarzen Uniformen beschreiben, wie sie bei dem Gedanken, sich mit dem Duce auf einem Balkon zu befinden, fast in Ohnmacht fallen. Mein Vater hat von seiner Mutter viel Sinn für Komik geerbt. Mein

Großvater schüttelt nur den Kopf über diesen ganzen Blödsinn.

Ich bin eine sehr tüchtige »Piccola Italiana«*. Auf einer beflaggten Tribüne in der Mitte der Piazza Statuta werde ich mit einem »Verdienstkreuz« ausgezeichnet. Der »Federale«** von Turin heftet mir eine weiß und himmelblaue Medaille an die Bluse. Ich weiß heute noch nicht, warum. Etwas vage bin ich darauf stolz. Meine Freunde an den Fenstern, die auf die Piazza hinausgehen, sagen mir hinterher, man habe nur eine Pyramide aus blonden Haaren mit einer kleinen Baskenmütze darauf erkennen können.

Ich erinnere mich nicht, jemals meine Mutter in faschistischer Uniform gesehen zu haben. Als ihr siebtes Kind auf die Welt kam, hat ihr die Partei einen Ausweis überreicht, mit dem sie sämtliche Straßenbahnen umsonst benützen kann. Meine Mutter ist ganz selig darüber, auch wenn sie in ihrem Leben noch in keine Tram gestiegen ist und nie in eine steigen wird. Aber der Gedanke daran entzückt sie, und sie führt diesen Ausweis voll Stolz in ihrer Geldbörse mit sich.

Zu dieser Zeit ist der Faschismus für mich etwas Unvermeidliches und Komisches, von dem wir selten reden hören.

Es gibt besondere Geschäfte, in denen man die Uniformen kauft; glänzende Fransen, bunte Kordeln, Rangabzeichen, die an die Ärmel aufgenäht werden, und kleine Erkennungszeichen, die deutlich machen, welchem Korps der »Balilla«*** oder der »Piccole Italiane« man angehört.

---

* »Italienisches Jungmädel«, Unterordnung der faschistischen Jugendorganisation »Opera Nazionale Balilla«
** Entsprach in etwa dem Gauleiter
*** »Pimpfe«

»Just fancy«, sagt Miss Parker, »all the poor people who have to spend their money on this nonsense, tsch,. tsch«, und schüttelt dabei mißbilligend den Kopf; wie kann man die armen Leute nur für derartigen Unsinn Geld ausgeben lassen?

Im Sommer gingen wir nach Forte dei Marmi. Unser Haus lag in einem Park; nach vorne hinaus erstreckte sich ein Pinienhain bis zum Strand; mitten durch diese Pineta führte ein Kiesweg. Man öffnete das grüne Holztor und da, gleich hinter den flachen, mit blaugrauem Gestrüpp überwachsenen Sanddünen, lag das Meer. Ein ruhiges, silbernes Meer mit sanften, schaumgekrönten Wellen, die sich langsam im hellen, weichen Sand verliefen. Am Wassersaum tummelten sich kleine Krebse. Nahe dem Ufer siebte ein Fischer mit Hilfe eines aus drei Holzschaufeln und einem Netz bestehenden Gerätes, das er hinter sich herzog, den Sand. Auf dem Boden des Netzes blieben kleine bunte Muscheln zurück, die er in einen Sack schüttete, den er um den Hals trug. Aus diesen winzigen Muscheln ließ sich die köstlichste Spaghettisoße bereiten. In der Küche sah man die Ankunft des Muschelmanns mit Schrecken, denn das bedeutete stundenlange Arbeit für eine einzige Tasse Sugo.
Wenn Papa da war, ließ er uns frühmorgens wecken, um mit uns einen Strandspaziergang zu machen. Wir sahen den Fischern zu, wie sie die schweren Schleppnetze an Land zogen. Sie standen in Doppelreihen und zogen, den Oberkörper nach hinten gebeugt, mit einem »Oh, issa« an den Enden des Netzes, wobei sie sich im Takt der Rufe schrittweise vom Wasser wegbewegten. Die Netzenden wurden aufge-

rollt, die Hintenstehenden gingen nach vorne, und das Ziehen begann von neuem. Endlich tauchte das Netz auf. Noch bevor man es sehen konnte, hörte man das Atmen und Brodeln seiner schweren Last: Quallen, schmale Hornhechte mit langen, dünnen Schnauzen, platte Seezungen, rötliche Meersäue, Tintenfische, die ihre schwarze Flüssigkeit um sich ergossen, manchmal ein Seestern. Ich war wie verzaubert vom Licht, vom Geruch, von der Schönheit. Mein Vater bat einen der Fischer, uns die kleinen Fischchen nach Hause zu bringen, damit wir sie uns zum Frühstück braten lassen könnten. Natürlich war Miss Parker dagegen: das würde uns den Appetit fürs Mittagessen verderben.

Am Strand waren zwei große Zelte aufgeschlagen: eines für die Erwachsenen und eines für die Kinder. Miss Parker ließ uns in der Sonne liegen, zehn Minuten auf dem Bauch und zehn Minuten auf dem Rücken, nicht länger. Irgendwie mußten ihre Berechnungen aber falsch sein, denn wir holten uns jedes Jahr einen Sonnenbrand – zumindest ich. Gianni wurde sofort braun, doch Clara hatte wie ich eine empfindliche Haut; Maria Sole und Cristiana unterstanden den Anordnungen einer anderen Gouvernante. Am Abend brannten mir dann die Schultern, und sobald Miss Parker schlafengegangen war, kam Vigiassa, um mich mit frischgeschlagenem Eischnee einzureiben.

Wir bauten Sandburgen, Vulkane und lange Rollbahnen für die Glasmurmeln, die mit dem rechten Zeigefinger angeschnipst wurden.

Wenn Miss Parker nicht aufpaßte, konstruierten wir auch »Fallgruben«, indem wir ein großes Loch mit einer Zeitung überdeckten und dann mit Sand tarnten. Wir hofften immer, es würde einmal jemand hineinfallen, aber das kam nie vor.

Wenn viele Freunde da waren, veranstalteten wir einen Sandburgenwettbewerb. Die Anführer der beiden Mannschaften waren zwei Brüder, Emilio und Puccio Pucci, beide älter als wir. Puccio war klein, hatte schwarze Haare und eine mediterrane Physiognomie; alle mochten ihn. Emilio war groß, mager wie ein Skelett und hatte ein langes, melancholisches Pferdegesicht. Niemand wollte in seiner Mannschaft mitmachen. Miss Parker flüsterte mir zu: »Now, Suni, be a good girl and ask to be on Emilio's team.« Also erklärte ich mich bereit, bei Emilio mitzubauen, doch Puccios Burg war immer die schönste.

Um halb zwölf sagte Miss Parker: »You can go in, now«, und wir stürzten uns ins Meer. In Begleitung des Bademeisters wateten wir die ersten paar Meter, dann durften wir schwimmen. War das Meer bewegt, ließen wir uns auf Holzstangen von den Wellen im Kreis herumtreiben.

Zehn vor zwölf schwenkte Miss Parker ein Taschentuch, und der Bademeister rief: »Raus, raus, es ist Zeit!« Wenn wir so taten, als ob wir nichts sähen und hörten oder wenn wir uns auch nur fünf Minuten verspäteten, durften wir am nächsten Tag nicht ins Wasser.

Unsere Vettern und Kusinen waren Vollwaisen. Ihre Mutter, die einzige Tochter der Großeltern, war bei der Geburt ihres fünften Kindes, Emanuele, gestorben. Von ihrem Tod weiß ich nur noch, daß große Aufregung im Haus herrschte und eine Menge Leute in sämtlichen Räumen aus und ein gingen. Ich hörte, wie jemand sagte, meine Großmutter sei völlig gebrochen. Ich glaube, daß sie damals damit begann, ihr Leben fast ausschließlich im Bett zu verbringen. Alle schlechten Nachrichten wurden von ihr ferngehalten. Als einmal eine meiner Kusinen eine Blinddarmoperation hatte, sagte man meiner Großmutter, sie sei für kurze Zeit nach Rom gefahren. Wurde Großmama von der Klinik aus angerufen, dann mußte die Krankenschwester das Fräulein vom Amt spielen, das ein Ferngespräch vermittelt. Ich bin überzeugt, daß meine Großmutter immer genau wußte, was geschah, aber die vorgetäuschte Unwissenheit erleichterte ihr die Dinge. Ich glaube, sie war eine absolute Egoistin. Mein Vater besuchte sie jeden Tag. Sie mochte meine Mutter nicht.

Nach dem Tod meiner Tante wurde deren Mann völlig aus der Familie ausgeschlossen. Das Gericht sprach meinem Großvater die elterliche Gewalt über seine Enkel zu. Der Vater erhielt im selben Haus, in dem seine Kinder wohnten, eine separate Wohnung zugewiesen. Er durfte seine Kinder aber nur alle vierzehn Tage sehen. Als er starb, haben ihn, glaube ich, nicht viele betrauert. Noch einmal haben wir uns schwarz angezogen und sind hinter dem blumengeschmückten Leichenwagen hergegangen. Das war alles.

Meine Kusine Berta und ich hatten das gleiche Alter. Wir waren dicke Freundinnen. Berta schielte und mußte immer zum Augenarzt. Ihre Augen waren von ganz hellem Grün; sie trug eine Brille; sie hatte glattes blondes Haar. Mein Großvater behauptete, sie sei häßlich. Wenn sie etwas aufregte, wurde sie sehr nervös: War sie zum Beispiel zu einem Fest eingeladen oder sollte sie verreisen, so bekam sie Kopfschmerzen und mußte sich erbrechen. Daraufhin steckte man sie ins Bett, und auf diese Weise unternahm sie nie etwas. Berta hing leidenschaftlich an meiner Mutter, die sie »Mammà« nannte. Meine Großeltern aber sahen es lieber, wenn sie unserem Hause fernblieb. Berta hatte ein Fräulein, Mademoiselle Berthalot, eine fröhliche Person, die aus Torre Pellice stammte und Französisch in einem fürchterlichen Patois sprach. Sie wurde Tolò genannt. Wenn Berta und ich beisammen waren, wurden wir in einem fort geschimpft, weil wir ununterbrochen miteinander tuschelten und kicherten. Es hieß, wir würden nur Dummheiten reden. Berta ging nicht zur Schule, wegen ihrer Augen.

Mein Großvater hatte auf dem Friedhofshügel von Villar Perosa eine Grabkapelle errichten lassen. In Villar verbrachten die Großeltern den Sommer; die Familienvilla befand sich auf der Anhöhe, unten, an der Straße lag die von meinem Großvater erbaute Kugellagerfabrik. Bertas Mutter war hinter der hellen Marmorwand der Kapelle begraben, unterhalb der Grabnischen, die für den Großvater und die Großmutter vorgesehen waren und bereits ihre Namen trugen.

Eines Nachmittags führte man uns zur Kapelle. Berta kniete sich auf dem kalten Boden nieder, und plötzlich sah ich, wie eine Träne auf die Steinplatten fiel. Ich war verlegen. Ich hatte nicht gelernt, ihr die Arme um den Hals zu legen und sie an mich zu drücken. So blieb ich stumm neben ihr knien. Ich wußte nicht, was ich tun sollte, und fühlte mich entsetzlich unglücklich.

Wo Bertas Vater begraben lag, war mir nicht bekannt.

Während der Weihnachtsferien fuhr man mit uns in Skiurlaub. Zuerst gingen wir nach St. Moritz. Später beschloß mein Großvater, selbst einen Wintersportort mit Hotels und Lifts in den Alpen bei Turin zu errichten. Solange sich die Hoteltürme von Sestrière und die Alpette-Seilbahn noch in Bau befanden, wohnten wir im Gasthaus Possetto, das schon seit Jahren grau und trist oben auf dem Paß stand. Wir mußten mit Seehundfellen an den Skiern aufsteigen. Ich wurde dabei todmüde und haßte diese Aufstiege. Mein Vater behauptete, daß ich nur deshalb so müde würde, weil ich meinen ganzen Atem darauf verschwendete, mit Berta zu schwatzen. Außerdem fror ich jämmerlich: meine Füße, Hände und Ohren erstarrten vor Kälte. Eines Tages, bei der Rückkehr von einem Ausflug, der mir endlos erschienen war, setzte ich mich in den Schnee und fing an zu heulen. Man brachte mich mit vierzig Grad Fieber ins Hotel, und am nächsten Tag, in Turin, hatte ich die Masern. Ich war völlig verzagt und niedergeschlagen. Jahre später war ich froh, gut Skifahren zu können, aber mein Gott, welche Mühe hatte das gekostet!
Auch Clara bekam die Masern. Danach wurden wir mit einer Krankenschwester zur Erholung nach Rapallo geschickt. Die Krankenschwester erlaubte uns, in den Konditoreien Törtchen zu kaufen, und morgens verquirlte sie uns

ein Eigelb mit Zucker und füllte die Tassen dann mit Kaffee und Milch auf. Ich erinnere mich an diese Zeit wie an wunderschöne Ferien. An der Riviera war schon Frühling und die Luft sanft und voller Düfte: nach Blumen, nach Meer, nach gebratenem Fisch.
Die Rückkehr in den Nebel von Turin war ein Alptraum.

Unsere andere Großmutter ist Princess Jane. Sie ist Amerikanerin, groß gewachsen und hält sich sehr gerade. Ihre Haare sind schlohweiß und schön. Im Winter trägt sie einen schwarzen oder grauen Schleier, der in zwei Halbmonden über die Stirn fällt. Im Sommer kleidet sie sich ganz in Weiß: ein bis zum Boden reichendes weißes Kleid, weiße Strümpfe und Schuhe und ein weißer Sonnenschirm. Sie hat eine Zofe namens Rosa. Zwischen Rosa und der Großmutter kommt es zu schrecklichen Auftritten: sie schreien sich an und beschimpfen sich – die eine auf amerikanisch, die andere in römischem Dialekt. Mein Vater macht sich über Princess Jane lustig, die wie alle Amerikaner – sagt Papa – nie aufhört, von Geld zu reden und um Geld zu streiten.
Princess Jane betet die Gesellschaft an, die Feste, den Klatsch, die seltsamen Verwicklungen des Lebens. Sie äußert entsetzliche Dinge, bei denen schüchterne Menschen vor Schreck erbleichen, aber wenn sie sich entschließt, einem jungen Mann oder einem jungen Mädchen ihre Protektion zu gewähren, verwandelt sich deren Leben automatisch in ein Dasein voller Vergnügungen. Nach dem Tod ihres Gatten soll sie sehr viel getrunken und erst auf die Bitte Axel Munthes, in den sie unsterblich verliebt war, damit aufgehört haben. Seither trinkt sie nur noch Wasser.

An Ostern bringt man uns nach Rom, und Princess Jane gibt ein Fest, zu dem sie sämtliche achtbaren Kinder der Hauptstadt einlädt. Fast alle sind Prinzen oder Prinzessinnen.
»Virginia, wie kannst du deine Töchter nur so schlecht anziehen?« Princess Jane sieht uns voll Schauder an. »In ihren grünen Samtkleidchen sehen sie ja wie die Töchter eines Kolonialwarenhändlers aus!«
»Hör auf, Mama!« Meine Mutter ist wütend.
Für uns ist das Fest ein verzweifelter Kampf, das schreckliche Gefühl loszuwerden, wie Kolonialwarenhändlerstöchter auszusehen.
Die römischen Kinder richten jedoch gar nicht erst das Wort an uns. Sie sprechen Italienisch mit englischem Akzent und begreifen nicht, wie man in Turin leben kann. Sie wohnen in herrlichen Palazzi mit Dachgärten, und in diesen Gärten werden die Ostereier versteckt. Sie gehen nicht zur Schule, dafür veranstalten sie Picknicks in der Villa Doria. Die Mädchen werden Donna Topazia oder Donna Babù oder Donna Francesca genannt.
Uns nennt man nur beim Vornamen.

In diesem Jahr hat man beschlossen, Clara auf eine Reise nach Österreich zu schicken in Begleitung einer österreichischen Gräfin. Gianni muß sämtliche Prüfungen im Oktober wiederholen, weil er in »Betragen« nicht versetzt worden ist. Das kommt fast nie vor, daß einer wegen schlechten Betragens sitzenbleibt; es ist eine Strafmaßnahme des Direktors in ganz besonderen Fällen. Für Gianni bedeutet das: den ganzen Sommer über keine oder fast keine Ferien. Aber Gianni wirft die Schultaschen seiner Kameraden auf vorbeifahrende Lastautos, so daß sie ihnen durch die halbe Stadt nachrennen müssen, er macht sich über alle lustig und veräppelt die Lehrer vor dem Schultor. Kurz, er hat eine Lektion nötig.
Als die Nachricht zu Hause eintrifft, hat keiner den Mut, es Papa zu sagen. Am Abend bringt man mir das Essen ans Bett, weil ich zu mager bin und an Nasenbluten leide. Ich sitze mit dem Tablett auf den Knien da, als Papa hereinkommt, um mir gute Nacht zu sagen. Ich erzähle ihm, daß Gianni in Betragen nicht versetzt wurde. Er ist sprachlos und kann es gar nicht glauben. Er läuft im Sturmschritt hinaus, um Gianni zu suchen. Ich bleibe allein und verschreckt in meinem Bett zurück. Meine Augen sind noch verschwollen von all den Tränen, die ich heute morgen in der Schule geweint habe. »Warum weinst du?« fragten die anderen

Kinder, »man wird doch deinen Bruder schimpfen und nicht dich.«
Sie verstehen nicht, was es heißt, die Ferien ohne ihn zu verbringen. Wir sind Freunde, wir stehen uns altersmäßig so nahe. Wenn wir zusammen im Boot hinausfahren, bitten uns die Matrosen der Jachten, die nach Forte dei Marmi kommen, sie an Land zu bringen. Sie geben uns dann ein Trinkgeld und fallen aus allen Wolken, wenn wir später, vornehm gekleidet, mit unseren Eltern ihrer Herrschaft einen Besuch abstatten. Oder wir fahren zusammen mit dem Rad in den Ort, um im Glacia ein Eis zu essen. Die Verkäufer lassen uns den großen Holzlöffel halten, mit dem sie das Eis bearbeiten, das sich in der runden Trommel der Maschine dreht.
Ich helfe Gianni, sein kleines Automobil den Hang von Villar Perosa hinaufzuschieben, setze mich dann hinten drauf und sause, mit ihm am Steuer, in rasender Geschwindigkeit den Berg hinunter. Wir brauchen nicht viel miteinander zu reden. Wir verstehen uns.

Jetzt sind wir in Forte dei Marmi, aber es ist bereits beschlossen, daß Gianni sich von morgen, dem 15. Juli, an mit einem Hauslehrer und einer Unzahl anderer Lehrkräfte, die ihn täglich unterrichten sollen, in Villar Perosa aufhalten wird.
Mein Vater ist übers Wochenende nach Forte gekommen. Auch Princess Jane ist da. Meine Mutter hält sich in Frankreich zu einer Kur auf. Es ist Sonntag. Mein Vater besucht mit uns die Messe; wir gehen zu Fuß hin; die Messe wird im Freien gelesen, im Garten der Pension Pergola, unter Bäumen.
Auf dem Heimweg fliegt ein Flugzeug über uns hinweg. Es wassert im Meer, genau vor dem Teil des Strandes, auf dem

unsere Zelte stehen. Ein Boot nähert sich dem Flugzeug und kehrt mit dem Piloten Arturo Ferrarin, der uns fröhlich mit der Hand zuwinkt, ans Ufer zurück. Ferrarin macht einen kleinen Rundflug mit mir, dann mit Gianni. Es ist das erste Mal, daß wir fliegen.
Danach sitzen wir alle zusammen bei Tisch. Papa ist fröhlicher Stimmung. Man redet über Flugzeuge. »In einem Fiat-Flugzeug und mit Ferrarin als Pilot bin ich bereit, überallhin zu fliegen«, lacht er.
Gianni reist in Begleitung eines Dieners mit dem Zug ab, Papa will bis Genua fliegen und ihm dann per Bahn nach Turin folgen.

Nach dem Abendessen ist es noch hell draußen, und Miss Parker hat erlaubt, daß ein paar Mädchen aus den Nachbarvillen zum Spielen in den Garten kommen. Seltsamerweise bin ich fröhlich, fast glücklich. Ich trage ein Kleid aus einem Stoff mit roten Mohnblumen. Wir springen unter den Pinien umher, tanzen Ringelreihen auf Piniennadeln und Kieselsteinen.
Das Telefon läutet. Princess Jane haßt das Telefon: irgend jemand ruft mich, damit ich ihr behilflich sei. Sie steht in der Zimmerecke, den Hörer am Ohr. Ich verstehe nicht, was man ihr sagt. Plötzlich sehe ich, wie sie entsetzt die Augen aufreißt und taumelt, dann lehnt sie sich nach hinten an die Wand. Sie schaut mich an und flüstert: »Suni, dein Vater ist tot.«

Ich erinnere mich, daß ich mit Princess Jane, meinen jüngeren Schwestern, den Gouvernanten und den Dienstboten in einem Zug fuhr. Ich erinnere mich, daß bei jeder Station Leute zustiegen, die alle weinten und sagten: »Warum? Warum?«
»Das ist doch nicht möglich, er war so jung!« Mir als Dreizehnjähriger war mein Vater mit dreiundvierzig sehr alt erschienen.
»Alle diese Kinder.«
»Armer Senator.«
Princess Jane blieb stumm; nur von Zeit zu Zeit seufzte sie: »Virginia, Virginia.«
Der Unfall hatte sich auf so törichte Weise ereignet. Das Flugzeug hatte bereits auf dem Wasser aufgesetzt und steuerte auf den Hafenkai von Genua zu, als es gegen einen treibenden Baumstamm stieß und sich überschlug. Mein Vater, der sich gerade erhoben hatte, um sich zum Aussteigen bereitzumachen, wurde vom Propeller im Nacken getroffen. Er war auf der Stelle tot. Ferrarin, der noch saß, blieb unverletzt, ohne einen Kratzer. Er erlitt einen Schock, von dem er sich, glaube ich, nie mehr ganz erholte; eine Art Schuldgefühl verfolgte ihn. Mein Großvater, den man benachrichtigt hatte, daß sein Sohn einen Unfall erlitten habe, war sofort mit dem Auto nach Genua ins Krankenhaus gefahren. An

der Pforte hatte er nach dem Verunglückten Agnelli gefragt und die Antwort erhalten: »Gehen Sie in die Leichenhalle.« Er war hineingegangen, allein. Zehn Minuten hatte er vor seinem Sohn gestanden, vor der Leiche seines einzigen Sohnes. Er hatte kein Wort gesprochen, war wieder ins Auto gestiegen und nach Turin zurückgekehrt.

Am Bahnhof von Turin standen wieder Leute und warteten auf uns. Das Tor unseres Hauses war nur angelehnt und mit schwarzen Tüchern verhängt, wie es damals zum Zeichen der Trauer Brauch war. Im Haus wälzte sich ein Strom von Menschen die breite Treppe hinauf und hinunter und durch alle Türen. Im roten Salon, neben dem Speisezimmer, lag mein Vater aufgebahrt mit einer Binde um den Kopf. Zu beiden Seiten der Bahre betende Nonnen, Blumensträuße, Hitze und Menschen. Gianni saß allein in einem Zimmer, um sich herum den Fußboden voller Zeitungen. Dann kamen die Freunde der Familie. Alle küßten uns, drückten uns an sich, weinten.

Meine Mutter lag auf ihrem Bett. Man begriff, daß sie alle diese Menschen nicht ertragen konnte. Sie war vollkommen verloren. Mir kam sie vor wie ein krankes Tier in einem Käfig.

Tags darauf fand die Beerdigung statt. Am Morgen wurde im Haus die Totenmesse gelesen. Damals durfte, ohne Sondererlaubnis des Kardinals, in einem Privathaus nur dann eine Messe gefeiert werden, wenn ein Mitglied des Königshauses anwesend war. Es war der Herzog von Aosta gekommen, ein sehr großer, ungewöhnlich schöner Mann, der sehr traurig aussah.

Später kam noch der Fürst von Piemont, der Pate meines nach ihm getauften acht Monate alten Brüderchens Umberto. Wir standen die ganze Zeit in unseren schwarzen Kleidern da.

Es kamen Tanten und andere Verwandte, alte Damen und Männer aus allen Bevölkerungsschichten, Freunde aus fernen Städten; alle traurig, fassungslos, fragend, verzweifelt. sie mußten meinen Vater gerngehabt haben.

Zur Aussegnung wurde der Sarg in die Kirche dei Santi Angeli an der Ecke unseres Hauses getragen, aber es waren so viele Menschen da, daß man den Corso Oporto auf der einen Seite hinauf- und auf der anderen wieder herunterziehen mußte, damit alle dem Toten folgen konnten.

Wir gingen hinter dem von Pferden gezogenen Leichenwagen her, Clara, Gianni, ich, Maria Sole und Cristiana, alle in einer Reihe. Giorgio war erst fünf Jahre alt, und man hatte ihn mit Umberto zu Hause gelassen. Es war drückend heiß. Ich schwitzte in dem schwarzen Seidenkleid mit langen Ärmeln. Der Duft der Geranien, die ich vor mir auf dem Wagen schwanken sah, lag schwer in der siedendheißen Luft.

»Armer Kerl«, sagten die Turiner Frauen im Dialekt, während wir langsam inmitten der Menge, die den Corso säumte, dahinzogen.

Nach der Aussegnung in der Kirche setzten wir uns mit Mama, die dem Leichenzug ferngeblieben war, ins Auto und fuhren nach Villar Perosa, wo Papa beerdigt werden sollte. Meine Mutter trug einen schwarzen Schleier, der ihr Gesicht umrahmte. Sie hielt mich auf den Knien und drückte mir von Zeit zu Zeit den Arm so fest, daß ich am liebsten aufgeschrien hätte.

In Villar erwartete uns Großvater im Park. Er ging auf meine Mutter zu, die ihre Kinder um sich geschart hatte. Er blieb schweigend stehen, Tränen liefen ihm über die Wangen. »Das darfst du nicht, Senatore, das darfst du nicht!« schrie meine Mutter mit verzweifelter Stimme. Er schüttelte nur den Kopf und ging weg. Meine Großmutter ließ sich nicht sehen. Man hatte dem Pfarrer verboten, die Glocken zu läu-

ten, damit sie nicht die Totenglocke ihres Sohnes hören müsse.
Man begrub meinen Vater in einer anderen jener hellen Marmornischen. Seine Name stand noch nicht auf dem Stein.

Wenig später kehrten wir, dem Himmel sei Dank, nach Forte dei Marmi zurück. Wir gingen ganz weiß gekleidet: Shorts, Blusen, Sandalen, alles weiß. Solange es nicht mit Schwarz kombiniert wurde, war das in Ordnung; andernfalls galt es als »Halbtrauer«. Die Badeanzüge trugen wir schwarz.
Princess Jane war mit uns nach Forte dei Marmi gekommen. Sie war bekümmert und schlechter Laune. Sie saß allein mit ihrem Sonnenschirm unter dem Zelt der Erwachsenen und langweilte sich tödlich. Um etwas Nettes zu tun, ging Miss Parker zu ihr hin und bot ihr an, sie mit ihren Enkeln zu fotografieren: »Would you like me, Princess Jane, to take a snapshot of you with the children?«
Großmutter packte ihren Sonnenschirm und rammte ihn wütend in den Sand. »Es gibt nichts auf der Welt«, erklärte sie, »was mir mehr zuwider wäre.«
Miss Parker zog sich bescheiden und sanft zum Kinderzelt zurück.
Jeden Morgen ging ein Mann den Strand entlang. Man sagte, er sei Schriftsteller und lebe in Forte dei Marmi »in der Verbannung«; er müsse sich täglich bei der Polizei melden und dürfe den Ort nicht verlassen. Der Mann führte einen seltsamen schmächtigen weißen Hund an der Leine, der Ähnlichkeit mit einem Schaf hatte und von der Insel

Lipari stammte, wohin man die politisch Unerwünschten schickte.

Princess Jane beauftragte den Bademeister, dem Mann zu sagen, daß sie mit ihm sprechen wolle. Sie fühlte sich einsam, und die Vorstellung, sich mit den Bewohnern der Nachbarvillen über deren bürgerliche Freuden und Probleme zu unterhalten, lockte sie nicht im geringsten. Sie hatten viele Kinder und wenig Phantasie.

So kam der Mann über den trockenen Sand, der in der Sonne glühendheiß wurde, auf sie zu; er kniff die Augen zusammen, um sie gegen das Licht zu schützen.

»Aren't you Malaparte? Komm her!« sagte Princess Jane.

»Ich will, daß du mit mir redest. You are very good looking.«

Er sah tatsächlich sehr gut aus, auf eine merkwürdige Art exotisch. Er hatte schwarzes, ganz glattes Haar, das wie Samt schimmerte und auf dem sehr runden Kopf nach hinten gekämmt war. Die Brauen, die breit über seinen dunklen, glänzenden Augen lagen, wirkten wie ein Bestandteil seines Blickes. Wenn er lächelte, zogen sich seine Lippen nach innen und verschwanden; seine Zähne waren weiß und raubtierhaft; vom Kopf bis zu den Füßen war er mit einem glänzenden Öl eingerieben; er hatte rasierte Achselhöhlen.

Er lachte, ein trauriges und grausames Lachen, setzte sich in die Sonne und begann Princess Jane, die im Schatten saß, zu unterhalten. Er war ein hinreißender Erzähler.

Dann kam meine Mutter nach Forte zurück. Sie war schön, zart und erst fünfunddreißig Jahre alt: die faktisch mittellose Mutter von sieben Kindern, die einmal ein riesiges Vermögen erben würden.

Meine Mutter liebte das Leben und die Fröhlichkeit. Sie war

völlig unkonventionell, schrieb Italienisch mit unglaublichen Orthographiefehlern, und sie war unendlich großzügig, sowohl ihren Freunden als auch fremden Menschen gegenüber. Im Grunde blieb sie immer ein Kind. Ich dachte an meine Mutter, als ob sie meine Tochter wäre. Ich wollte sie beschützen, wollte sie glücklich sehen. Wenn sie wegfuhr, lebte ich in einer schrecklichen Angst, daß auch sie sterben könnte.
Mama liebte das Meer. Wir badeten stundenlang in den Wellen, vormittags und nachmittags, ohne uns um Miss Parkers Regeln zu kümmern. Wir machten endlose Spaziergänge im feuchten Sand, am Meer entlang, bis über die Mole von Forte dei Marmi hinaus, sammelten Muscheln, beobachteten die Krabben und sahen den Wasserflöhen zu, wie sie in einem rasenden Tanz auf und ab hüpften. Wir aßen mittags am Meer, unter dem Zeltdach, und lagen im Schatten oder in der Sonne, wie wir gerade Lust hatten.
An meiner Mutter mochte ich alles. Ihre nassen rotbraunen Haare, die in der Sonne trockneten; die Sommersprossen, die sich auf ihrer Haut bildeten, wenn sie an der Luft war, ihren Duft, wie eine Schale frischer Milch.

Malaparte kam erneut, um Princess Jane am Strand zu unterhalten. Er betrachtete meine Mutter mit großer Eindringlichkeit. Dann setzte er sich hin und erzählte von sich, vom Krieg, von seiner Flucht mit fünfzehn Jahren aus dem Liceo Cicognini und den Dutzenden von Duellen, in denen er sich geschlagen hatte; von seinen Begegnungen mit Mussolini; vom Gefängnis; von der Insel Lipari. Wenn er redete, verwandelten sich die Dinge, die er erzählte, in wunderbare Geschichten. Ich hätte ihm ewig zuhören, und er hätte ständig weiter erzählen können.

Malaparte lebte in einem Steinhaus, das von einer dichten grünen, feuchten Oleanderhecke gegen die Straße abgeschirmt wurde. Von einer kleinen Loggia im ersten Stock aus sah man den Strand und das Meer. Malaparte erzählte uns von einem merkwürdigen jungen Mann, der zu ihm gezogen war. Er beschrieb ihn uns als unordentlich und hinkend und ahmte nach, wie er im Bett liegend schrieb. Er schilderte uns die Wutausbrüche von Maria, der Haushälterin, die über die zahllosen Tintenflecke auf der Bettwäsche außer sich geriet. Der schüchterne und aggressive junge Mann hieß Moravia.
Manchmal nahm uns Mama mit ins Haus von Malaparte. Wir saßen dann in dem fast leeren Zimmer auf dem Boden, und Malaparte gab uns süßen, goldenen Malvasia aus Lipari zu trinken. Später fing er an zu erzählen. Wir lauschten ihm voll Entzücken, bis er meiner Mutter die Hand auf den Kopf legte, sie an den Haaren zupfte und zu necken begann. Dann nahmen wir unsere Räder und fuhren heim. Ich war ein bißchen beschwipst und sehr glücklich bei dem Gedanken an meine Mutter, die bei ihm geblieben war.
Manchmal fuhren wir nach Viareggio, um bei Buonamico zu speisen, wo wir gebratene Fische, Peperoni und ausgefallene, schwer verdauliche Gerichte vorgesetzt bekamen, die Miss Parker zur Verzweiflung gebracht hätten. Die Bedie-

nung besorgten drei Schwestern, ihre Mutter stand in der Küche. Die Mädchen schwatzten ständig mit den Gästen, rieten ihnen zu diesem oder jenem Gericht und brachten einen Löffel Caciucco oder ein Stück Anisgebäck zum Probieren. Es war heiß, man fühlte sich unter Freunden: es herrschte die behagliche Atmosphäre eines Fischerdorfes.
Am Nachmittag fuhren wir oft mit dem Fahrrad nach Cinquale, wo der Bildhauer Arturo Dazzi Haus und Atelier hatte. Er ließ uns mit dem Ton spielen, mit dem er gerade arbeitete, und mit den riesigen Marmorplatten, die zum Behauen bereitlagen. Wir saßen ihm alle Modell für die beiden Bronzetüren der Kapelle des hl. Eduard in Sestrière, die mein Großvater zum Gedenken an meinen Vater hatte erbauen lassen.
Es war ein verrücktes und absonderliches Haus. Menschen kamen und gingen: Modelle, Freunde, Marmorarbeiter, Besucher, Künstler, Gäste.
Schließlich kam der Augenblick, an dem wir nach Turin und in die Schule zurückkehren mußten.

Wenn ich heute nach Turin komme, wenn ich die vom zarten Grün der Bäume bedeckten Hügel jenseits des Po sehe; wenn ich über die Piazza San Carlo gehe und ihre schönen Proportionen, die Eleganz ihrer Arkaden betrachte, dann denke ich: Ja, es stimmt, Turin ist wirklich eine schöne Stadt. Aber damals war sie für mich nur öd und grau. Damals war meine Welt begrenzt von den wenigen Straßen, durch die wir auf dem Schulweg oder auf unseren nachmittäglichen Spaziergängen kamen. Damals war die Piazza Statuto für mich lediglich der Ort, wo man die besten »tomini«* von Turin verkaufte, und die Piazza Carignano lag in der Nähe der Buchhandlung, von der mein Vater seine Bücher bezog. Nie wäre mir der Gedanke gekommen, daß die Piazza Statuta und die Piazza Carignano schön sein könnten; es waren einfach Plätze. Erst jetzt entdecke ich, daß die Bäume dort Blüten und sogar Kirschen tragen; daß es bezaubernde Straßen gibt, die sich zwischen Mauern und geheimnisvollen Gärten steil den Hügelzug hinaufwinden, von dem aus man die Alpen sieht. Jetzt faszinieren mich die Straßen, die alten Häuser, die Innenhöfe.
Im D'Azeglio hatten wir einen neuen Lehrer bekommen: einen schmutzigen vulgären Professor, der keinerlei Inter-

*Kleine Ziegenkäse

esse für seine Klasse aufbrachte. Er bohrte mit dem Finger in der Nase, und in der Pause sagte er: »Wer auf den Abort muß, soll für zehn Minuten 'rausgehen.« Ich war entsetzt. Ich haßte ihn genauso wie er mich. Meine Noten waren eine Katastrophe.

Mein Großvater hatte im Souterrain unseres Hauses einen Filmvorführraum einrichten lassen, denn da wir in Trauer waren, durften wir nicht ins Kino gehen. So sollten wir zu Hause die Filme ansehen können, von denen er begeistert war.

Am Ende des Kinderkorridors befand sich nun eine Turnhalle, in der wir jeden Abend nach Erledigung unserer Hausaufgaben mit einer Gymnastiklehrerin turnten. Zu diesen sportlichen Übungen kamen auch einige Kameraden, Jungen und Mädchen. Es war die einzige Stunde des Tages, an die ich mit Vergnügen dachte. Hinterher plauderten wir noch mit den anderen Kindern, während sie die Schuhe wechselten und sich für den Heimweg fertigmachten. Dabei entwickelte sich fast so etwas wie Freundschaft. Wenn eines der Kinder einmal nicht erschien oder krank war, riefen wir an, um uns nach ihm zu erkundigen. Manchmal trafen wir uns in Sestrière wieder und fuhren dann ein paarmal zusammen ab, aber wir gehörten nicht zu ihrer Gruppe.

Berta lebte jetzt bei ihrer Schwester Laura, die mit einem netten jungen Mann verheiratet war, sanft und schön mit braunen Locken. Jedes Jahr bekamen sie ein Kind, und Laura war immer am Stricken und redete nur noch von Säuglingsschwester, Karottensaft und frischer Luft für die Kinder. Ihr Mann, Giancarlo, war bei Fiat beschäftigt. Er war nunmehr der einzige Mann in der Familie, mit dem mein Großvater zusammenarbeiten konnte. Mein Vetter Giovanni und mein Bruder Gianni gingen noch zur Schule.

Giancarlo und Laura bewohnten zusammen mit unseren Vettern und Kusinen, Lauras jüngeren Geschwistern, ein Haus aus dem achtzehnten Jahrhundert mit Innenhof und Garten. Eine geschwungene weiße Vortreppe führte in die runde Eingangshalle, von der aus man in die Salons gelangte. Sie lagen nach dem Garten zu; auf der anderen Seite kam man durch Wandelgänge und kleine Räume in das fröhlich und lebhaft wirkende Speisezimmer, zwischen dessen Stuck Spiegel und bunte Teller der Ostindischen Kompanie hingen.

Alle zwei Wochen gingen wir zu ihnen, um Kochunterricht zu nehmen. Dann durften wir Giovanni, Gianni und Lodovico, unseren einzigen echten Freund aus der Kindheit, einladen, mit uns das selbstbereitete Mahl zu verzehren. Unsere Kochlehrerin war eine prächtige Person; sie unterrichtete »Hauswirtschaftslehre« in einer Mädchenschule. Ihre einzige Sorge bestand darin, kein Geld auszugeben. Die Gerichte, die wir zubereiteten, waren äußerst sparsam und ungenießbar. Ihr bevorzugtes Gericht war passierter Thunfisch mit ein paar Blättchen Salat, das Ganze dann mit kleinen Raupen von Tubenmayonnaise verziert. Sie brachte uns bei, ein Heft zu führen, in das die Ausgaben für das jeweilige Gericht eingetragen wurden, zuzüglich der mit Hilfe eines ungemein komplizierten Systems errechneten Kosten für den Verbrauch an Wasser, Strom und Gas. Sobald die Lehrerin gegangen war, warfen wir alles in die Mülltonne und aßen die belegten Brote, die die Jungen in ihren Rocktaschen mitgebracht hatten. Wir tranken Rotwein und unterhielten uns. Giovanni erzählte von seiner großen Liebe zu einer verheirateten Dame; Gianni war Skeptiker; Lodovico brachte uns mit seinen witzigen Bemerkungen zum Lachen.

Ein paar Monate später: Giovanni saß mit uns in der kleinen Küche, er war sehr niedergeschlagen. Er erzählte, er sei am vergangenen Sonntag im unberührten Schnee einen Hang zwischen Bäumen hinuntergefahren und sich dabei plötzlich bewußt geworden, daß er seit zehn Minuten nicht mehr an seine Liebe gedacht habe. Das bedeute, daß seine Liebe nicht mehr so stark sei, daß sich eine Änderung anbahne. Während er sprach, spielte er ohne Grund mit einem Messer herum. Es rutschte ihm aus und brachte ihm einen tiefen Schnitt an der Hand bei. Das Blut rann auf den Tisch, auf den Fußboden. Giovanni betrachtete das Blut, das ihm über die Hand lief und immer weiter aus seiner Vene quoll. Er saß unbeweglich da, schaute zu und sagte nichts, bis wir ihn mit einer Binde verbanden.

Eines Nachmittags geschah etwas Seltsames, und als es geschah, entdeckten wir, daß wir alle so getan hatten, als fürchteten wir das Gewitter nicht. Jetzt brach es herein.
Ein Justizbeamter stand vor der Tür und beharrte darauf, meiner Mutter ein Schreiben, das er bei sich hatte, persönlich zu übergeben. Meine Mutter weigerte sich, ihn zu empfangen. Pasquale, der Butler, beteuerte immer wieder, Donna Virginia sei nicht zu Hause. Der Beamte wiederholte jedoch hartnäckig, er wisse genau, daß Donna Virginia »anwesend« sei. Schließlich nahm Pasquale das Schreiben in Empfang, unterzeichnete mit seinem Namen und versicherte, es Donna Virginia sobald wie möglich auszuhändigen. Der Justizbeamte ging, und Pasquale brachte das Schreiben meiner Mutter. Es war eine richterliche Verfügung, durch die meine Mutter angewiesen wurde, unverzüglich das Haus zu verlassen. Es sollte ihr gestattet sein, ihre Kinder außerhalb des Hauses alle vierzehn Tage für achtundvierzig Stunden zu sehen. Die »elterliche Gewalt« über ihre Kinder war deren Großvater, dem Senator Agnelli, übertragen worden.
Die Empörung meiner Mutter wuchs von Minute zu Minute. Sie führte einige Telefonate mit ihren Anwälten und bat, daß man eine Audienz bei Mussolini für sie erwirke. Dann ließ sie uns die Mäntel anziehen. Wir zwängten uns in zwei

Autos und fuhren in großer Geschwindigkeit nach Alessandria, wo wir in den Zug nach Rom stiegen. Zusammengepfercht in einem Abteil fühlten und verhielten wir uns bereits wie Flüchtlinge. Mama war nervös, und man sah ihr an, daß sie Angst hatte; von Zeit zu Zeit weinte sie. Clara stieß mich dauernd am Arm und sagte: »Tu doch was! Du weißt, wir sehen Mama sonst nie mehr wieder.«
Als wir in den Bahnhof von Genua einfuhren, löschten wir die Lichter und schlossen die Türen des Abteils. Nichts passierte. Dann setzte sich der Zug langsam wieder in Bewegung und fuhr aus dem Bahnhof hinaus. Nach einigen Minuten blieb er jedoch erneut stehen, diesmal mitten auf freiem Feld. Männer stiegen ein. Sie gingen durch die Waggons und schauten in alle Abteile. Sie betraten das unsere und knipsten das Licht an; einer der Männer wandte sich an meine Mutter: »In welcher Eigenschaft reisen Sie, Signora?«
»Was meinen Sie damit?« Meine Mutter zitterte.
»Ich meine, was für eine Art von Familie ist das?«
»Eine Mutter mit ihren sieben Kindern.«
»Ich verstehe«, sagte er und gab den anderen Männern durch ein Zeichen zu verstehen, daß er gefunden habe, was sie suchten. »Es wird besser sein, wenn ihr aussteigt. Sie verstehen, Signora, daß unter den gegebenen Umständen diese Kinder zum jetzigen Zeitpunkt als geraubt gelten.«
Dann wandte er sich zu uns: »Ich bitte euch, nicht zu schreien und kein Aufsehen zu erregen; das würde die Lage eurer Mutter nur verschlimmern.« Sie ließen uns aus dem Zug aussteigen, links und rechts von Polizisten flankiert, die uns fest am Handgelenk hielten.
Meine Mutter fuhr allein nach Rom weiter. Ich war zu betroffen, zu müde und zu traurig, um sprechen zu können. Man brachte uns ins Hotel, und am nächsten Morgen kehrten wir mit dem Auto nach Turin zurück.

Miss Parker war wie immer und benahm sich, als sei nichts geschehen. Sie ergriff für niemanden Partei, urteilte über keinen. Sie tat ihre Pflicht, die darin bestand, die ihr anvertrauten Kinder zu erziehen und ihnen »Manieren« beizubringen.
Aber die anderen Gouvernanten (zu diesem Zeitpunkt befanden sich noch zwei oder drei im Haus) waren widerlich. Auf der einen Seite konnten sie nicht für unsere Mutter Partei ergreifen, weil sie Angst hatten, ihren Posten zu verlieren, auf der anderen fürchteten sie, wenn sie es nicht täten, sich uns für immer zu entfremden. So buhlten sie um unsere Gunst mit kleinen Gefälligkeiten, ergingen sich in Andeutungen, um unsere Reaktion zu testen, und erklärten uns, daß der Senator ein großer Mann sei, der uns sehr gern habe.
Ich kann mich nicht erinnern, daß mein Großvater uns aufgesucht hätte. Ich glaube, unsere stille Feindseligkeit hat ihn ziemlich erstaunt. Es berührte ihn seltsam, daß zwischen uns und unserer Mutter eine echte Zuneigung bestehen könnte.
Er lud uns zum Mittagessen ein. Wir waren von frostiger Höflichkeit. Wie immer saß er am obersten Ende der Tafel, vor sich einen leeren Suppenteller. Rechts davon lag ein Spezialinstrument, ein Trüffelmesser, und daneben stand eine Schüssel rohes Gemüse: eine Tomate, eine Sellerie-

stange, eine Fenchelknolle, eine Artischocke. Großvater pflegte sich langsam ein Gemüse nach dem anderen in den Teller zu schneiden, Pfeffer und Salz dazuzugeben und das Ganze mit Öl zu übergießen. Das war seine Mahlzeit. Jeden Mittag bereitete er sich seinen Salat und aß ihn bedächtig. Dazu trank er ein Glas Punt e Mes, das er sich aus einer geschliffenen Kristallkaraffe eingoß, und hörte die Schlager, die aus dem Radio kamen.
An diesem Tag schnitt er seine Tomate und seine Artischocke mit besonderer Sorgfalt. Seine hellen blauen Augen lächelten. Wir waren nach wie vor von frostiger Höflichkeit.
Nach dem Essen gingen wir heim. Großvater wird auf sein Zimmer gegangen sein, sich aufs Bett gelegt und sich dabei nach Soldatenart mit seiner Jacke zugedeckt haben: eine Angewohnheit, die ihm aus der Zeit, als er Offizier bei der Kavallerie war, geblieben ist. Nach einem Schlaf von zwanzig Minuten wird er ins Fiatwerk zurückgekehrt sein.

Meine Mutter wandte sich an die besten Anwälte Roms. Nicht alle waren bereit, das Mandat zu übernehmen. Gegen meinen Großvater vorzugehen, war damals in Italien keine leichte Sache. Er war mächtig, hartnäckig und daran gewöhnt, immer zu tun, was er wollte.
Mussolini hatte eingewilligt, meine Mutter zu empfangen. Sie erklärte ihm, daß man ihr ein großes Unrecht zufüge. Sie sei eine Witwe mit sieben Kindern, und Mussolini könne es unmöglich zulassen, daß in einem von ihm regierten Land eine Mutter ihrer Kinder beraubt würde, nur weil sie einen Liebhaber hätte.
Mussolini ließ sich von ihrer Argumentation überzeugen. Die kämpferische Natur meiner Mutter war ihm sympathisch, und ihm schmeichelte die Rolle des guten Riesen, der einer alleinstehenden Frau beisteht. Ich glaube, daß ihn

auch die Möglichkeit reizte, meinen Großvater auf seinen Platz zu verweisen. Er teilte ihm mit, daß er seinen Antrag bei Gericht zurückzuziehen habe. Meine Mutter versprach, Malaparte nicht wiederzusehen.

Mama kam nach Hause zurück. Sie war traurig und versuchte, es zu überspielen. Sie lud Gäste ein, mittags und abends, und wir aßen alle zusammen – Gäste, Kinder, Hauslehrer, Gouvernanten – an einer riesigen, recht ungewöhnlichen Tafel.
Lotti war in unser Haus gekommen, ein Mädchen, deren Familie eng mit unseren Eltern befreundet gewesen war. Sie schrieb die Briefe meiner Mutter, die verlangte, daß sie ihre Handschrift nachahme, damit die Leute nicht gekränkt seien. Lotti war Sekretärin, Hausverwalterin, Freundin und Gesellschafterin in einer Person, und wenn meine Mutter für ein paar Tage verreiste, war sie für das ganze Haus verantwortlich. Mama wußte, daß sie sich auf Lotti absolut verlassen konnte und daß sie von ihr immer die Wahrheit erfahren würde.
Arme Lotti! Sie wurde von allen ins Vertrauen gezogen, kannte die Geheimnisse des ganzen Hauses: die Zimmermädchen, die Gouvernanten, wir Kinder, alle kamen mit ihren Problemen und Schwierigkeiten zu ihr. Ihr oblag es, einer Gouvernante beizubringen, sich die Haare öfter zu waschen, oder einem Hauslehrer, bei Tisch weniger zu reden, wenn Gäste daseien. Meine Mutter tyrannisierte sie: sie weckte Lotti zu den unmöglichsten Nachtstunden, um mit ihr über irgendeine Belanglosigkeit zu sprechen, und wenn irgend etwas im Haus nicht klappte, gab sie immer Lotti die Schuld.

Meine Mutter verliebte sich in ein Haus in Rom. Es war der Sitz der Akademie der Arkadier, gegründet von Christine von Schweden. Die Akademie wurde von alten Dichtern und Gelehrten aufrechterhalten, die sich von meiner Mutter überreden ließen, ihr das Gebäude auf dreißig Jahre zu vermieten. Es befand sich in sehr schlechtem Zustand, und sie würde es restaurieren lassen. Mama beschrieb uns das Haus. Es hatte einen Park auf verschiedenen Ebenen, dicht bestanden mit Bäumen und Sträuchern. Zwei geschwungene Treppen führten zu übereinanderliegenden Terrassen. Es gab einen Brunnen, eine riesige Pinie und ein Amphitheater vor der Fassade des Hauses, die fast völlig von einer uralten Glyzinie überwuchert war. Im Innern des Hauses befand sich ein rundes Zimmer, das wie ein Baptisterium aussah, und ein sehr hoher Salon mit Stuckdecke, ähnlich wie eine Kirche. Eine steile Treppe führte zu einem großen Schlafzimmer mit Terrasse, dem Zimmer meiner Mutter, und zu einer Anzahl winziger Räume. Meine Mutter hatte dort übereinandergestellte Betten für uns installieren lassen. Die Zimmer lagen alle auf verschiedenem Niveau, und um von einem ins andere zu gehen, mußte man zwei oder drei Stufen hinauf- oder hinuntersteigen. Die Aussicht war unglaublich schön: Rom lag einem zu Füßen, golden, warm, fern und voller Wunder.

»Erzähl mir noch einmal, Mama«, ich saß am Fuße ihres Bettes an einen Pfosten gelehnt, »erzähl mir noch einmal vom Haus, von den Blumen, vom Licht, von der Tramontana, die die Blätter in den blauen Himmel wirbelt.«

Meine Mutter haßte Turin. Man kritisierte sie, weil sie auf der Straße ohne Hut ging; weil sie, mit engelhaftem Lächeln, schreckliche Ausdrücke in den Mund nahm; weil sie sich weigerte, den boshaften Klatsch der alten, häßlichen Turiner Damen anzuhören.
Ihr einziges Interesse galt einer Schwesternschule am Ospedale di San Vito auf dem Hügel oberhalb der Stadt. Diese Schule hatte sie gegründet, sie trug den Namen meines Vaters, und meine Mutter widmete sich ihr mit leidenschaftlicher Hingabe. An Weihnachten nahm sie uns zu einer Feier mit, und wir wurden gebeten, in den Krankensälen Orangen und Bonbons zu verteilen. Als ich nach Hause kam, war mir schlecht: der Geruch nach Krankheit widerte mich an und erschien mir unerträglich.

Ich ritt mit meiner Kusine Berta aus. Wir galoppierten über die Felder und schwatzten wie eh und je. Kamen wir an einen Zaun oder Graben, rief ich »Zaun!«, »Graben!«, und Berta senkte die Zügel, um ihr Pferd springen zu lassen. Ohne Brille sah sie nichts, und mit Brille durfte sie nicht aufs Pferd. Sie war ungewöhnlich mutig, und wir amüsierten uns königlich. Ich liebte die Wiesen voller Mohnblumen, die Pappelwäldchen mit ihren hellen, schlanken Stämmen, die Bäche, auf die man unvermutet stieß.

Plötzlich, eines Morgens, war es Frühling. Meine Mutter hielt es nicht länger in Turin aus und nahm uns alle mit nach Rom. In den Straßen blühten die Bäume, und auf der Terrasse brach die Glyzinie in kleine fliederfarbene Sträußchen aus. Wenn man morgens das Fenster öffnete, drängten die Knospen und die hellen Blättchen herein, als ob sie ins Haus wollten. Wir schliefen zu viert in den übereinandergestellten Betten, die das Zimmer ausfüllten, und das war für mich der Inbegriff des Vergnügens.
Wir gingen zu Klosterfrauen in die Schule, in der Nähe der Via Veneto. Es war ein sauberes Gebäude, die Klassenzimmer waren in Pastelltönen ausgemalt; es gab wenige Schüler, und die Lehrkräfte waren freundlich und herzlich. Ich alberte mit einer Kameradin herum und bekam solche Lachanfälle, daß wir beide auf den Gang hinausgeschickt wurden, bis wir aufgehört hätten zu lachen.
Nachmittags machten wir einen Spaziergang auf den Gianicolo, der gleich oberhalb unseres Hauses lag. Die Straße mündete in eine Steintreppe, bei der das Gras zwischen den Steinen sproß. An ihrem Ende stand der große Brunnen mit den drei Triumphbögen, und rechts öffnete sich das Gittertor zum Park. Die Sonnenuntergänge waren rot. Die ganze Stadt stand wie in Flammen. Es war so schön, daß ich dachte, mein Herz würde aufhören zu schlagen.

Mama war glücklich. Ihre Freunde kamen zu Besuch und küßten sie zur Begrüßung. Sie waren so anders als die Turiner, die einen nur küßten, wenn jemand gestorben war. Bei Tisch bedienten die Mädchen in farbigen Schürzen. Wurden sie von den Gästen scherzhaft gekniffen, dann stießen sie einen kleinen verwunderten Schrei aus. Für mich war es kaum zu fassen, daß das Leben so anders sein konnte. Hier hatten alle Lust, sich zu amüsieren. Das einzige, was sie ernstnahmen, waren ihre Liebesaffären.

Zur Schule gehen bedeutete, Freunde zu treffen und mit ihnen zwischen den Schulstunden zu schwatzen. Endlich begriff ich, daß Unterricht auch interessant sein und daß Lernen Spaß machen konnte. Hier wurde nicht von mir verlangt, einen Aufsatz über irgendein unverständliches Sonett zu schreiben; hier las man mir die Gedichte vor, die anfingen, mich zu faszinieren. Traf man auf dem Gang eine Schwester, so lächelte sie und erkundigte sich, wie es einem in der Klasse gefalle.

Ich war verwundert.

Die schmutzigen, überquellenden Straßen von Trastevere, der Tiber mit seinen hohen Brücken, die immer voller Menschen waren, die Ruinen, die Palazzi, die römische Art zu reden, das freche Gelächter, selbst die Kirchen, alles gab mir das Gefühl zu leben, ein Gefühl, das ich vorher nur beim Skifahren, beim Segeln oder beim Galoppieren auf einem Pferd gekannt hatte.

Kleine Männer mit fettigen schwarzen Haaren drangen in unser Haus und übergaben meiner Mutter ein amtliches Schreiben. Da es sich um ihr Haus handelte, sollten diesmal ihre Kinder nach Turin gebracht und deren Großvater übergeben werden, der zu ihrem gesetzlichen Vormund bestimmt worden war.

Man verteilte uns auf vier Autos, in denen Polizisten saßen. Ich versuchte hinauszuspringen, aber es war unmöglich. Sie waren in der Überzahl und brauchten mich nur festzuhalten.

In Civitavecchia nahmen wir den Zug nach Turin.

Clara und ich wurden gebeten, Großmutter einen Besuch abzustatten. Wie üblich lag sie im Bett mit mißvergnügter und gelangweilter Miene. Sie sagte, sie wolle uns ein Geschenk machen: einen Mantel aus Biberpelz. Wir antworteten kühl, daß wir keinen Mantel bräuchten, »vielen Dank, Großmutter«. Gleich darauf sagte sie, daß sie müde sei, und wir standen auf, uns zu verabschieden. Die Konversation war nicht gerade brillant gewesen.
Nach diesem Besuch beschloß ich, Widerstand zu leisten. Ich kaufte mir eine Reihe Messer, die ich an einem Gürtel um die Taille trug. Richtete eine der verhaßten verräterischen Gouvernanten das Wort an mich, klappte ich ein Messer auf und spielte mit der Klinge herum. Ich sah die Furcht in ihren Augen und amüsierte mich.
Ich ging in den Hof und schrie so laut, daß es die Nachbarn jenseits der Mauer hören konnten, ich wolle meine Mutter zurückhaben. Großvater ließ mich ans Telefon rufen: »Susanna«, sagte er (von allen wurde ich immer nur Suni genannt), »wenn mir noch einmal so etwas zu Ohren kommt, schicke ich dich ins Internat. Verstanden?«
»Danke, Großvater«, lautete meine Antwort, und unser Gespräch war beendet.
Aber das Schrecklichste waren die Besuche meiner Mutter in Turin alle vierzehn Tage. Da sie das Haus nicht betreten

durfte, wohnte sie in einem gräßlichen alten Hotel vor dem Bahnhof. Sie redete die ganze Zeit von Prozessen, von Rechtsanwälten, Richtern und Urteilen. Wir saßen völlig verloren in dem grauen Hotelzimmer.

Ein paar Freunde suchten meine Mutter auf, um ihr zu zeigen, daß sie zu ihr hielten, aber die meisten hatten Angst. Wir gingen hinaus, um uns die Füße zu vertreten. In der Stadt drehten sich die Leute nach uns um; auf den Hügeln war es kalt und neblig. Es war, als stünde man im Krankenhaus vor dem Zimmer eines Frischoperierten und wartete vergeblich auf den Bericht des Arztes. Ich fing an zu wünschen, daß meine Mutter überhaupt nicht mehr käme. Das wäre weniger entsetzlich gewesen.

Zwischen den Besuchen Mamas verlief unser Leben wie immer, nur mit dem Unterschied, daß wir unausstehlich geworden waren. Wir gingen in die Parfümerie unter den Arkaden, wo man uns als Kinder zu unserem Entzücken Pröbchen von Zahnpasta, Seife und Gesichtsmilch geschenkt hatte, kauften die größte und teuerste Flasche französischen Parfüms, die es überhaupt gab, und schenkten sie unserer Hauswirtschaftslehrerin. Wir hatten zwar keinen Pfennig Geld in der Tasche – nie hatte man uns Geld in die Hand gegeben –, aber wir gingen einfach in die Geschäfte und ließen alles anschreiben. Die Gouvernanten wagten es nicht, sich mit uns auf einen Disput einzulassen, aus Angst, wir könnten ihnen in aller Öffentlichkeit Grobheiten an den Kopf werfen.

Clara setzte sich mit einer Rose im Haar an ein Fenster zur Via Papacino und flirtete mit einem gegenüber wohnenden Jungen. Sie warf ihm Briefchen auf die Straße hinunter, und eines Tages gelang es ihr, den Anschein zu erwecken, als ob sie mit einer Schulfreundin fortginge, um statt dessen mit diesem Jungen im Auto wegzufahren. Ich ängstigte mich so, daß jemand sie entdecken könnte, daß ich abends Fieber hatte.

Vom Balkon der Bibliothek aus spuckten wir auf Passanten auf dem Bürgersteig. Guglielmo, der Portier, mußte die übelsten Beschimpfungen äußerst distinguierter Herren entgegennehmen, die auf ihrem Weg ins Büro plötzlich unsere Spucke über ihren Mantelkragen rinnen sahen. Guglielmo entschuldigte sich vielmals und behauptete steif und fest, daß das unmöglich wir gewesen sein konnten. Dann kam er zu uns herauf und beschwor uns verzweifelt, es nicht wieder zu tun. Wir bogen uns vor Lachen.

Wir bestellten beim Koch komplizierte Gerichte und ganz ausgefallene Leckerbissen und weigerten uns dann, sie überhaupt zu versuchen.

Wir sperrten uns bis Mitternacht ins Badezimmer ein, lagen in der Badewanne, unterhielten uns und tranken Rotwein, den wir aus der Speisekammer geklaut hatten.

Wir taten überhaupt nichts Vernünftiges. Wir sagten immer nur nein.

Es war Spätfrühling. Die Roßkastanien auf dem Corso Oporto standen in zartem Grün, getupft mit dem Rosa und Weiß der Blüten.
Ein Richter in Rom hatte meiner Mutter Recht gegeben. Das war zwar noch nicht der Sieg, aber doch eine mögliche Hoffnung auf Erfolg.
Anscheinend hatte niemand den Mut, meinen Großvater davon zu unterrichten. Seine Anwälte belogen ihn weiter, bis eines Tages ein Freund meiner Mutter zum Senator ging und ihm sagte, seine Anwälte hätten in erster Instanz verloren. Er war verblüfft, und als am nächsten Tag Gianni zu ihm ging, um für Mama einzutreten, gab er sich geschlagen. Er erklärte, wenn eine Frau es fertigbrächte, so von ihren Kindern geliebt zu werden, dann müsse sie, per Dio, in irgendeiner Weise doch anders sein, als er gedacht habe. Ich glaube, er begann sich Sorgen zu machen. Was würde passieren, wenn wir das Leben weiterführten, das wir uns in den letzten Monaten angewöhnt hatten? Außerdem hätte meine Mutter um keinen Preis aufgehört, um ihr Recht zu kämpfen.
Der Senator lud uns alle mit Mama zum Essen ein, und er hätte ihr gegenüber nicht reizender sein können, als er es war.
Meine Mutter hatte ihm bereits verziehen.

»Du bist so schön«, sagte der Großvater, »schön und jung, und deine Kinder lieben dich. Ich glaube, ihr solltet alle für eine Zeitlang fort von Italien. Geh, Virginia, und suche ein schönes Haus an der Côte d'Azur, wo ihr den Sommer verbringen könnt. Amüsier dich und ruh dich aus. Auch den Kindern wird diese Abwechslung guttun.«
Wenn man von der Freude so überrascht wird, hat man gar nicht die Zeit, sie ganz zu empfinden. Ich hätte mir tagelang ausmalen wollen, wie wunderbar es sein würde.
Doch jetzt war das Glück da, bevor ich darüber nachdenken konnte. Und so vergaß ich, mich zu freuen.

Am Cap Martin wurde eine Villa gefunden, mitten in einem riesigen Park, der bis ans Meer hinunterging. Es war ein großes Haus, das mit einem gewissen Charme verfiel. Es hatte Dutzende von Schlafzimmern, große Moskitonetze, Korridore mit Tapeten aus geblümtem Krepon, Salons, die sich auf Terrassen und Gärten öffneten, eine Unmenge Möbel in jedem Winkel und eine Atmosphäre vergangener Pracht. Wir kamen mit Zimmermädchen, Köchen, Chauffeuren und Autos angereist und verbreiteten Ferienstimmung.
Ich war zwar erst fünfzehn, aber ich konnte bereits Autofahren. Ich fuhr von morgens bis abends die Côte d'Azur hinauf und hinunter, von Corniche zu Corniche und berauschte mich an dem Gefühl, fahren zu können, wohin ich wollte.
Es kamen Freunde, die bei uns wohnten. Wir gingen zum Baden in den Swimming-pool des Monte Carlo Beach, warfen Münzen in die Spielautomaten, kauften exotische Speisen in den Geschäften, lagen in der Sonne, saßen im Schatten, gingen abends aus, zogen uns zum Dinner nicht um, liefen halbnackt herum und schliefen zu jeder Tageszeit und in jedem Zimmer, in dem wir uns gerade aufhielten. Die Jungen sprachen zu Clara von Liebe, und Clara erhörte sie. Gianni und seine Freunde gingen mit Nutten aus. Die Kleinen, wie meine jüngeren Geschwister von Maria Sole an inzwischen

genannt wurden, spielten unter den Pinien und badeten an unserem kleinen Strand. Ich nahm das Auto und fuhr weg, legte kilometerweite Strecken zurück, hielt an, um einen Zipfel blaues glitzerndes Meer zu betrachten, der zwischen den silbergrünen Sträuchern und der roten Erde zum Vorschein kam, atmete den Duft der sonnendurchwärmten Pinien und Blumen und genoß es, auf einer schmalen Straße zwischen den von riesigen Bäumen umstandenen Villen ins Gebirge hinaufzufahren. Ich liebte das Gefühl der Leere, des Nichts, das von mir Besitz ergriff.
Meine Mutter ging oft aus. Alle Männer verliebten sich in sie. Sie warf ihren kleinen kastanienbraunen Kopf zurück und schüttelte lachend ihre Locken. Wir alberten mit ihr herum, unterhielten sie und machten sie wütend, wenn wir ihre Besuche mit einem abscheulichen Piemonteser Akzent, den sie nicht ausstehen konnte, begrüßten.
Gemeinsam bummelten wir durch die Geschäfte, spazierten über die sonnenbeschienenen Wege zwischen den Pinien des Cap, gingen zum Baden in die Nachbarvillen, die ein Schwimmbassin hatten, oder schwammen unten an unserem kleinen Privatstrand.

Princess Jane war gekommen, um sich ein paar Wochen bei uns aufzuhalten. Sie fand sich in dem großen Durcheinander, das im ganzen Haus herrschte, nicht zurecht. Miss Parker versuchte, der Zügellosigkeit etwas Einhalt zu gebieten, indem sie darauf bestand, daß wenigstens die Kleinen zu festen Zeiten bei Tisch erschienen. Es war ein ständiges Hin und Her von Autos, die vorzugsweise von Gianni und mir gesteuert wurden, beide ohne Führerschein. Wie aus dem Nichts standen plötzlich Besucher da, mit einem Koffer in der Hand. Mama fuhr weg, um irgendwo an der Küste zu schwimmen, und winkte uns aus unbekannten Autos zu, an deren Lenkrad Männer saßen, geheimnisvoll und lächelnd. Wir liefen in winzigen Shorts und mit langen, offenen Haaren herum, die beide knapp das Hinterteil bedeckten. Wir traten immer als Gruppe auf und veräppelten jeden, der uns begegnete. Ich glaube, daß wir nicht sehr beliebt waren.

Wer uns ganz sicher nicht schätzte, war Princess Jane. Eines Morgens kam sie in eines der Schlafzimmer und fand uns alle halb angezogen im Zimmer herumliegen.

»Um Himmels willen, was trinkt ihr denn da?« fragte sie entsetzt.

»Das?« antworteten wir ziemlich blasiert, »das ist Ananassaft mit Champagner!«

»Champagner? Am hellichten Morgen?« Sie war außer sich vor Entrüstung.

»Warum nicht? Das schmeckt sehr gut.«

Entschlossenen Schrittes ging Princess Jane zum Schlafzimmer meiner Mutter, riß die Türe auf und rief: »Virginia, du bist wohl vollkommen übergeschnappt!«

»Ja, es ist wahr«, hatte Mama gesagt. Vielleicht sei das Leben, das wir führten, wirklich etwas exzentrisch.
Meine Mutter vertrat die Ansicht, ihre Kinder sollten das tun, was sie für richtig hielten. Das Leben würde ihnen später schon noch beibringen, wie man sich zu verhalten habe. Dieses Mal aber sah sie ein, daß es zu unserem Nutzen wäre, wenn wir ein Jahr in einem englischen Internat verbrächten, damit wir sähen, wie andere Leute 1937 lebten.
Also haben wir die Koffer gepackt. Clara wurde in eine »finishing school« nach London geschickt; mich steckte man mit Maria Sole in eine Klosterschule in St. Leonards on Sea. Cristiana blieb in Turin, zusammen mit Giorgio und Umberto und natürlich mit Gianni, der das italienische Gymnasium absolvieren sollte.
Maria Sole und ich teilten uns in ein eiskaltes kleines Zimmer mit zwei schmalen Betten und einem Fenster ohne Ausblick. Ein stumpfsinniges Mädchen weckte uns um sechs Uhr morgens, indem es mit einer fürchterlich lauten Glocke in der Hand den Korridor auf und ab ging. Das bedeutete, daß es Zeit war, sich einen grauen Pullover und einen groben Rock anzuziehen und zur Messe hinunterzugehen. Die Klassen hatten nur wenige Schülerinnen; die Unterrichtsstunden waren langweilig und kindisch. Die Nonnen lehrten uns das, was man in Italien schon mit neun Jahren

lernt, und immer so, als hätten sie einen Haufen Schwachsinniger vor sich. Das geistige Niveau der gesamten Schule war gleich Null. Die Schwestern, die uns unterrichteten, waren dumm und läppisch, die Mädchen noch schlimmer. Nach dem Mittagessen spielten wir auf einer Wiese »Lacrosse« oder gingen im Gänsemarsch durch die Straßen von St. Leonards. Nur aus Versehen durften wir hin und wieder eine Welle oder einen Felsen erblicken. Danach saßen wir alle zusammen in einem riesigen Raum voller Tische und Bänke und machten Hausaufgaben.
Ich legte den Kopf auf den Tisch und schluchzte verzweifelt. Es durfte doch nicht wahr sein, daß ich mein Leben auf diese Weise vergeudete. Nie habe ich eine so zerstörerische Langeweile empfunden; es war das einzige Mal in meinem Leben, daß ich dachte, ich würde verrückt.
»Was ist denn los, Suzanne?« fragten mich die Schwestern. »Hast du Heimweh?«
»Nein, Mutter. Ich habe kein Heimweh, ich langweile mich. Ich habe niemanden, mit dem ich reden kann. Ich möchte mich mal wieder mit einem Jungen vernünftig unterhalten. Hier kann man ja nichts tun.«
»Vielleicht solltest du in die Kirche gehen und etwas beten«, schlugen sie mir vor.
Was mich aber am meisten ärgerte und empörte, war, daß Maria Sole – noch nie eine sehr gesprächige Person – so aussah, als ob sie sich sehr wohl fühlte. Ich drangsalierte sie, indem ich ihr klarzumachen versuchte, wie unerträglich hier alles sei, aber sie schaute mich nur an, ohne den Mund aufzutun, und las dann in dem Buch weiter, das sie in der Hand hatte. Einmal habe ich sie mit einer Bürste verprügelt.

Ich schrieb Hunderte von Briefen, in denen ich erklärte, daß dieses Internat zu blöde sei und ich demnächst davonlaufen würde. Ich rief Clara in London an und weinte am Telefon. Sie sagte mir, ich solle an Mama denken und keine Dummheiten machen.

Die Schwestern lasen die Briefe, die ich erhielt, und gerieten darüber in Verwirrung. Wer waren denn alle diese Knaben, die mir schrieben? »Meine Freunde«, antwortete ich. »Warum? Hat einer vielleicht kein Recht, Freunde zu haben?« Sie betrachteten mich daraufhin mit einer Mischung aus Mitleid und Spott, die ihren völligen Mangel an Verständnis offenbarte.

Sie hatten mir meine Bücher weggenommen und gaben mir dafür Jugendbücher, Schulgeschichten, die zu lesen, selbst wenn ich es versucht hätte, mir unmöglich gewesen wäre. Sie leerten meine Schubladen auf den Boden, damit ich lernte, sie besser in Ordnung zu halten. Sie haßten mich. Ich haßte sie, ihre Stumpfheit, ihre Lebensfremdheit, ihren Mangel an Objektivität, ihre geheuchelte Heiterkeit.

Eines Nachmittags ging ich aufs Klo, und Maria Sole kam mit mir. Zu Hause hatten wir die Angewohnheit, uns immer zu sechst oder siebt im Badezimmer aufzuhalten. Eine Nonne erwartete uns vor der Tür. »Ihr widerlichen Dreckfinken«, zischte sie uns an, »schämt ihr euch nicht? Was macht ihr da drinnen zu zweit?«

Ich hätte sie am liebsten geohrfeigt; das war zuviel für mich. Ich lief hinunter, rief meine Mutter an und sagte ihr, daß ich auf und davon ginge. Wenn sie mich nicht sofort holte, würde ich durchbrennen, mich umbringen, und sie würde mich nie wiedersehen. Mama versuchte zaghaft zu diskutieren. »Nein«, schrie ich, »nein, hier bleibe ich nicht. Es ist mir gleich, was mit mir passiert. Alles ist besser als dieses scheinheilige Idioteninstitut.«

Sie kam. Sechs Schwestern saßen ernst um einen Tisch; sie empfingen sie allein, dann ließen sie mich hereinkommen.

Ich öffnete die Tür und sah meine Mutter verzweifelt darum bemüht, die Sache ernstzunehmen. Wir tauschten einen Blick. Mama war hier so fehl am Platz, daß ich anfing zu lachen. Nun begann auch Mama zu lachen. Die Nonnen begriffen nicht, was vor sich ging.
Wir sind gleich abgereist. Maria Sole verabschiedete sich von uns ohne sichtbare Zeichen der Erregung.

Mama und ich nahmen eine Suite im Claridge's und sahen uns nach einer anderen Schule für mich um. Nur in einem Punkt war meine Mutter unerbittlich: ich durfte nicht in das gleiche Internat wie Clara; ich sollte nicht vergessen, daß ich zwei Jahre jünger war.
In den »finishing schools« fand man, ich sei zu jung; in den Pensionaten fand man, ich sei zu reif, bis wir schließlich in Queen's Gate eine Mischung aus beidem entdeckten. Es handelte sich um eine snobistische Kombination von Lehrern und »Anstandsdamen«, die sich darum bemühten, den Mädchen auf die bestmögliche Art die Zeit zu vertreiben, bis das eigentliche Leben für sie begänne. Unter Leben verstand man die Ehe; unter Ehe ein Leben mit Pferden auf dem Land und mit dem Eröffnen von Wohltätigkeitsbasaren. Wir lernten daher, eine für solche Anlässe geeignete Rede zu halten. Man brachte uns auch ein bißchen Geschichte und englische Literatur bei; man lehrte uns Tanzen und Rezitieren; man zeigte uns London, die Museen, die Bildergalerien, die Schlösser in der Umgebung. Wir lernten die Art von Manieren, bei denen man nicht von sich aus um Zucker oder Milch bitten darf, sondern zu warten hat, bis man sie angeboten bekommt. Wir schliefen zu viert in einem Zimmer, und die Mädchen klauten mir alles, was ich besaß. Ich hatte Hunger, ich aß Pralinen, und ich wurde dick.

Im darauffolgenden Trimester, nach Weihnachten, ging Clara nach Österreich, und ich kam in das Kloster am Cavendish Square, das sie verließ. Seltsamerweise gefiel es mir dort ausgezeichnet. Hier waren die Nonnen intelligent und einfühlsam. Einmal schrieb ich in einem Aufsatz, daß ich, wenn mir ein Buch sehr gefalle, es beiseite lege und täglich nur eine Seite lese, um die Freunde, zu denen die Figuren des Buches für mich geworden seien, nicht so schnell zu verlieren.

Die Schwester, die Literatur gab, rief mich zu sich. »Interessant«, sagte sie, »empfindest du tatsächlich so?« Von da an schrieb ich mit Begeisterung Aufsätze und ging zu ihr, um darüber zu reden.

Man führte uns in die National Gallery, wo wir auf einem Schemel sitzend einem überaus pedantischen alten Professor zuhörten, der uns eine halbe Stunde lang ein und dasselbe Bild erklärte. Der Alte war entsetzlich langweilig, aber von da an faszinierte mich Malerei.

Im Internat war ein italienisches Mädchen, das ich »Tiger« taufte, weil sie vor allem und jedem Angst hatte. Von neun bis halb zehn Uhr vormittags durften wir einen Spaziergang machen. Ich schleifte den Tiger im Eilschritt durch die Straßen bis zur Oxford Street, wo man eine »malted milk« trinken und eine Schokoladentorte essen konnte. Auf diese Weise wurden wir immer dicker. Ich lachte mich halbtot, weil der Tiger Angst hatte, in einer Milchbar entdeckt zu werden, deren Besuch verboten war; Angst hatte, zu spät zu kommen, weil wir uns zu weit fortgewagt hatten; Angst, daß man die Schokoladentorte entdecken könnte, die er im Zimmer versteckt hielt; Angst, daß seine Mutter ihn ausschimpfe, weil er so zugenommen hatte. Ich vergötterte den Tiger.

Ich ging in die Kirche und betete viele Stunden; ich wurde tief religiös; ich empfand den Zauber dieser halbdunklen und stillen Kapelle, in der man sich völlig seinen Gedanken hingeben konnte.

Als ich nach Italien zurückkehrte, hatten die Zimmermädchen gewechselt. Iolanda, ein Mädchen aus Forte dei Marmi, das als Küchenhilfe bei uns angefangen hatte, als ich fünfzehn Jahre alt war, hatte man zum Zimmermädchen der Kinder befördert. Sie war in Giovanni verliebt, den Chauffeur, genannt »il Romano«, da er als einziger im ganzen Haus aus Rom stammte. Iolanda war fröhlich, voll Begeisterung und Energie; sie gab allen freche Antworten mit ihrem breiten toskanischen Akzent. Vigiassa war in die »Garderobe« aufgerückt. Sie kleidete sich schwarz, fühlte sich sehr wichtig und kümmerte sich um die Wäscherei, die Bügelstube, die Schränke; »fast so etwas wie eine Hausverwalterin«, sagte sie. Mir fehlten ihre Heulszenen und ihr geflüsterter Klatsch.
Clara war achtzehn Jahre alt. Jünglinge und Männer machten ihr den Hof. Hin und wieder nahm einer von ihnen mich bei der Hand und sagte mir, er wolle mich heiraten. Ich brach in Lachen aus. Eines Morgens ging ich in Giannis Zimmer. Er war nackt, und ich entdeckte, daß er ein Mann geworden war.

Meine Mutter war nervös; Lotti schwirrte durch das Haus, wie immer bereit, im Unrecht zu sein. Miss Parker schien etwas gekränkt, als ich ihr die Blödheit der englischen Mädchen schilderte, aber da ich inzwischen soviel größer war als sie, umarmte sie mich und sagte mir, daß sie sich freue, mich zu sehen.

Maria Sole war fett und häßlich geworden. Mama hatte ihr die Haare ganz abschneiden lassen und sagte dann, sie sehe aus wie ein Landpfarrer. Statt zu lachen, ärgerte ich mich diesmal darüber.

Der Sommer kam. Mama und Clara fuhren nach Österreich in Ferien, mir blieb Forte dei Marmi mit sämtlichen Kindern. Princess Jane war gestorben, während ich im Internat war. Ich fühlte mich für das Haus und für meine Geschwister verantwortlich.

Die Zimmermädchen kamen zu mir und fragten mich um Rat; später kamen auch die Gouvernanten. Ich schimpfte mit den Kleinen herum, wenn sie sich ungezogen aufführten, und schickte sie ins Bett, wenn es Zeit war. Ich fühlte mich ziemlich unglücklich.

Als Mama eines Nachmittags zurückkehrte und mir beim Spaziergang durch den Park in der Abenddämmerung sagte, Clara habe sich verlobt, schloß ich mich in mein Zimmer ein und heulte.

»Soll das heißen, daß Clara heiratet und mir nichts davon erzählt hat?« hatte ich empört gefragt. Wir waren doch Freundinnen, Clara und ich, wir hatten das Leben gemeinsam verbracht, glückliche Augenblicke und traurige Dinge miteinander geteilt. Jetzt hatte mich Clara völlig vergessen. Am nächsten Morgen stießen sich im Haus alle mit dem Ellenbogen an und flüsterten sich zu, ich sei eifersüchtig, daß Clara heirate.

Tassilo Fürstenberg war ein bildschöner Mann. Groß, schlank, kraftvoll und aufrecht, mit einem etwas wilden Tatarengesicht, vielen wirren Haaren und ungewöhnlich schmutzigen Kleidern. Mit ihm brach in unser Leben eine wahre Invasion der »von« und der »zu« und der »von und zu« herein, der Malteserritter und der ungarischen Fürsten, der österreichischen Gräfinnen und der Durchlauchten und Hoheiten. Lotti war so glücklich, daß sie Tag und Nacht am Tisch saß und organisierte, Billette schrieb, Einladungen verschickte, gierig nach den aristokratischen Namen, und alle und alles durcheinanderbrachte. Bei ihr saß Fräulein Corsi, die ihr helfen sollte. Dreimal täglich brach Fräulein Corsi in Tränen aus: weil jemand ins Zimmer gekommen war und ihr nicht anständig guten Tag gesagt hatte; weil man sie wie ein Dienstmädchen behandelte; weil man sie nicht genügend beachtete, da sie, Anna Corsi, ja nur eine Lehrerin, eine Bürgerliche sei und keine Gräfin wie Lotti. Lotti verbrachte die Hälfte ihrer Zeit damit, jedem, der an der Tür erschien, »unser liebes Fräulein Corsi« vorzustellen, »die uns so viel hilft; was täten wir ohne sie!«, bis Fräulein Corsi getröstet war, drei Cappuccini hintereinander trank, mit dem Erfolg, daß sie schreckliche Kopfschmerzen bekam. Lotti öffnete das Fenster, alles schien in bester Ordnung, doch kaum ging ein Neuankömmling an der Tür vorbei und rief »Ciao, Lotti«, ohne Fräulein Corsi zu bemerken, ging das Ganze wieder von vorne los.

Tassilo sprach von seiner Familie mit großem Respekt und viel Humor; sowohl vom Familienoberhaupt der Fürstenberg als auch von dem der Festetich, ungarischen Fürsten, von denen seine Mutter abstammte. Er fletschte die Zähne und rief aus: »Ach, ihr versteht das nicht. Das Familienoberhaupt ist sehr wichtig.« Er hatte Hunderte von Vettern, Onkeln und anderen Verwandten; alle waren ziemlich entsetzt darüber, daß er ein Mädchen ohne Adelstitel heiraten wollte. Er würde damit seine Position im Gotha ruinieren; oder zumindest die Position seiner Kinder. Seine Söhne könnten nicht mehr Malteserritter werden, da man dazu eine bestimmte Anzahl adeliger Ahnen nachweisen muß. Der Adel wurde damals noch als etwas ganz Besonderes angesehen. Wir hatten Gott sei Dank einen Fürsten als Großvater, wenn auch nur zweiten Ranges, sonst hätte sich Lotti zu Tode geschämt. Zum Glück konnten wir dank diesem Großvater ein paar Lancellotti und einige Massimo auftreiben, Vettern meiner Mutter, die mit großem Vergnügen an der Hochzeit teilnehmen würden.

Auch mein Großvater, der Senator, hatte einen merkwürdigen Begriff vom Adel. Er erzählte uns, daß ihn seine Mutter als Kind ins Istituto San Giuseppe zur Schule geschickt hatte, wo die meisten Kinder adelig waren und daher ihn, den Bürgerlichen, nicht grüßen durften. Er hielt das für durchaus normal und erzählte uns die Episode wie etwas ganz Alltägliches, ohne einen Hauch von Ressentiment gegen die Eltern seiner Schulkameraden. Als er erfuhr, daß Tassilo eine Stellung bei Fiat haben wolle, antwortete er, überzeugt, objektiv und logisch zu sein: »Er ist ein Fürst? Dann soll er auch den Fürsten machen«, und damit war der Fall erledigt.

Ob dieser Fürst nun den roten Rock der Malteserritter oder den ungarischen Mantel aus grünem Samt mit Zobelbesatz tragen solle, war jeden Tag ein neues Problem. Der größte Teil der männlichen Adeligen Mitteleuropas war gutaussehend und nicht übermäßig gescheit, aber die Frauen waren, wenn überhaupt möglich, noch weniger intelligent, von einer nicht zu übertreffenden Einbildung und noch nicht einmal hübsch. Je mehr Adelstitel sie hatten, desto mehr glichen ihre Hände einem Bündel Würstchen.

Unnötig zu sagen, daß ich zur Brautjungfer gemacht wurde, in einem Kleid aus einem widerlichen, schlaffen rosigen Stoff, zusammen mit einer Unzahl junger Comtessen, die genauso gekleidet waren wie ich und mich von oben herab ansahen. Gianni führte Clara zum Altar. Auf der Seite der Österreicher herrschte ein Glanz von Pelzen, Samten, Farben, Orden an Brust und Hals; auf der Seite der Agnelli war alles trostlos schwarz.

Die Turiner waren entzückt von dem Schauspiel und blickten gebannt auf die Männer, die wie im Film aussahen.

Als die Festlichkeiten vorüber waren, erkundigte sich mein Großvater, ob »der Karneval« nun zu Ende sei.

Ehrlich gesagt, ich habe nie verstanden, warum Clara Tassilo geheiratet hat. Im Laufe der Jahre erklärte sie uns allen, meinen Brüdern, meinen Schwestern und mir, was für ein wunderbarer Mensch Tassilo sei, was für ein phantastischer Liebhaber, was für ein zauberhafter Gatte. Aber das war typisch für Clara: Was immer sie besaß, es war stets das Beste.
Ich glaube nicht, daß sie Tassilo liebte, als sie heirateten. Sie war achtzehn, er doppelt so alt. Sie kamen aus völlig verschiedenen Milieus, hatten ganz unterschiedliche Interessen. Sie begeisterte sich für Kleider, für gestickte Bettwäsche, er für das Jagen in Tirol; sie amüsierte sich bei häuslichem Klatsch, er auf eleganten und prunkvollen Empfängen; sie hielt sich gern im Bett auf, er an der frischen Luft.
Die Hochzeitsreise machten sie nach Indien, als Gäste verschiedener Maharadschas, und nach ihrer Rückkehr bewohnten sie Mamas Haus in Rom. Clara langweilte sich zu Tode mit den Einladungen bei alten Diplomaten und jungen Paaren der Aristokratie. Sie rief mich an, und ich fuhr nach Rom, um ihr ein bißchen Gesellschaft zu leisten. Meine Mutter fand das nicht richtig.
Clara sagte zu mir: »Heirate nicht; es ist nicht sehr amüsant.« Ich war bereit, ihr zu glauben. Ich war damals gerade in einen Vetter von Tassilo verknallt, einen bildschönen

Mann, der aussah, als verberge sich hinter seiner edlen Stirn ein Meer von Gedanken. Sollte dem tatsächlich so gewesen sein, so blieben diese Gedanken dort jedenfalls hermetisch verschlossen.

Aber was machte ein Mädchen, wenn es nicht heiratete? Begegnete es einem Mann, der als »gute Partie« galt, so wurde immer gleich von Ehe gesprochen.

Tassilo fuhr für ein paar Tage nach Österreich, und Clara nahm mich mit auf ein Fest. Ich war schüchtern und befangen und wußte nicht, was ich sagen oder tun sollte. Ein Junge kam auf mich zu. »Du bist mit meinem Bruder befreundet«, sagte er. Das stimmte; aber die beiden Brüder Lanza sahen sich überhaupt nicht ähnlich. Dieser hier hatte dunkle Haare, die mit Brillantine eingefettet waren, um die Locken zu glätten, graublaue, unschlüssig dreinblickende Augen und sympathische Züge, in denen etwas Gewöhnliches und zugleich etwas ganz Eigenes, Nichtherkömmliches lag. »Ich war der Ansicht, du seist in Spanien im Krieg«, antwortete ich.

Damals hatte ich keine Ahnung, daß ein Italiener, der in Spanien kämpfte, auch auf der Seite der Franco-Gegner stehen könnte. Die Republikaner waren für mich tatsächlich »Rebellen«, wie sie von der öffentlichen Meinung und der italienischen Presse bezeichnet wurden. Daß Faschismus und Antifaschismus zweierlei Arten waren, die Dinge zu empfinden, begriff ich erst Jahre später.

Von diesem Jungen wußte ich, daß er Offizier im Tercio* war, denn sein Bruder Galvano hatte mir eine Fotografie gezeigt, auf der Raimondo gerade mit einer Silbermedaille ausgezeichnet wurde. Ich wußte, daß er mutig war, von Frauen begehrt, Sizilianer, natürlicher Sohn des Fürsten von

---

* Spanische Fremdenlegion auf der Seite Francos

Trabia und einer bereits verheirateten Fürstin. Als illegitimer Nachkomme durfte Raimondo nicht den Titel seines Vaters führen.

»Alle Frauen laufen mir nach, uff! Ich kann nicht mehr. Alle sind in mich verliebt. Ich bitte dich, tu mir den einen Gefallen: verliebe dich nicht in mich.«

Mich beeindruckte seine verzweifelte Vitalität. »Sei unbesorgt«, lächelte ich.

Er ging weg, und schon hatte ein Wolke den Himmel mit Grau überzogen.

Meinen siebzehnten Geburtstag verlebte ich in den Vereinigten Staaten, in Santa Barbara, Kalifornien — ausgerechnet. Stunden über Stunden ging ich am Strand auf und ab und betrachtete den grauen, wolkenbedeckten Himmel, von dem es nie regnete. Unter meinen Füßen spürte ich das Knirschen von Sand und Muscheln. Der Ozean, wie sie ihn nannten, war zu kalt zum Baden. Ich ging und hing meinen Gedanken nach. Ich war allein; vielleicht zum ersten Mal in meinem Leben. Mein Onkel Ranieri, der Bruder meiner Mutter, der mit einer amerikanischen Bildhauerin verheiratet gewesen war, hatte sich jetzt entschlossen, eine andere Amerikanerin zu heiraten, ebenfalls geschieden und Mutter einer zwölfjährigen Tochter. Meine zukünftige Tante, der dieses Haus am Strand von Santa Barbara gehörte, hatte meiner Mutter, die mich »schwierig« fand, vorgeschlagen, ich solle mit ihr und Onkel Ranieri nach Amerika reisen. Die beiden waren verliebt und wollten allein sein. Die Tochter Mousie ging zur Schule und war auch sonst nicht sehr lustig. So blieb ich mir selbst überlassen.
Onkel Ranieri und Lydia erzählten sich die unglaublichsten Lügengeschichten. Das war das Schlachtfeld, auf dem sie sich als Gegner maßen, und sie waren darin unschlagbar. Ich saß da und hörte fasziniert zu, wie einer von ihnen in einer

Woche Chinesisch gelernt, der andere barfuß auf einem Leguan einen Berg erklommen hatte; einer hatte auf einem aus Australien importierten Zugpferd beinahe den Grand National gewonnen, der andere als »surfer« auf einer riesigen Flutwelle die Hawaii-Inseln umfahren. Ab und zu widersprach ich ihnen oder zog ihre Geschichten in Zweifel. Das wollten sie aber nicht dulden, und es endete mit einer Szene. Ich schloß mich in mein Zimmer ein, stützte meinen Kopf in die Hände und fragte mich, worauf menschliche Beziehungen beruhten. Ranieri war gutaussehend und nett, Lydia konnte amüsant sein; zu mir waren sie reizend, und ich wußte, daß ich für sie eine Belastung und eine Plage darstellte. Aber wie sehr ich mich auch bemühte, menschlich, verständnisvoll und tolerant zu sein – mit siebzehn Jahren ist das Leben entsetzlich schwer.
Sie heirateten in New York, in einer Wohnung, die Lydia in River House hatte, und danach schifften wir uns ein, um nach Europa zurückzukehren. Ich hatte den Grand Canyon besichtigt, Long Island, Harlem und vom Zugfenster aus ganz Amerika. Fast hätte ich vergessen: ich hatte auch die Weltausstellung gesehen.

Ich erinnere mich, daß auf der *Conte di Savoia*, mit der wir heimfuhren, der Industrielle Marzotto bei Tisch einmal sagte: »Also, die nächste Ausstellung wird bei uns in Rom sein. Wer weiß, ob wir sie erleben, diese ›Expo zweiundvierzig‹.«

Topazia Caetani gab zu ihrem Debüt einen Ball im Hotel Excelsior in Rom. Ich war zwar noch nicht achtzehn, aber meine Mutter hatte beschlossen, es sei besser für mich, auf einen Ball zu gehen und neue Leute kennenzulernen, als in Turin herumzusitzen und zu behaupten, ich sei in einen vagen österreichischen Prinzen verliebt, oder mich um die Hausaufgaben armer Kinder im Pfarrheim zu kümmern.
Ich hatte ein dunkelgrünes, stark ausgeschnittenes Samtkleid an, während die anderen Mädchen alle weiße Kleider mit Spitzen und Volants trugen. Ich kam mit sechs Jungen an, die meine Mutter eingeladen hatte. Ich war entsetzlich schüchtern und kannte niemanden. Ich konnte nicht tanzen, und es gefiel mir nicht.
Raimondo zog mich in einen leeren Salon und küßte mich, wie nebenbei, heftig auf den Mund.
»Hast du mir nicht gesagt, du hättest noch nie einen Mann geküßt?«
»So ist es.«
»Warum küßt du dann mich? Ich war der Ansicht, du seist in deinen genialen Österreicher verliebt.«
»Das war ich«, gab ich zur Antwort. Er preßte meine Hand und ging weg.
Raimondo war immer so. Er ging weg, dann tauchte er mit-

ten am Tag oder mitten in der Nacht wieder auf. Wenn er in ein Zimmer kam, war es, als ob der Blitz einschlüge. Alle hörten auf zu reden oder brachen ihre augenblickliche Beschäftigung ab: Raimondo schrie, lachte, küßte alle, machte Witze. Er verschlang das Essen wie ein Reißwolf, trank wie ein ausgedörrter Garten in der Wüste, spielte Klavier, telefonierte und hielt meine Hand, alles gleichzeitig. Er rannte die Treppen hoch und blieb oben keuchend stehen; er fuhr Auto wie ein Verrückter; er streckte sich zu meinen Füßen aufs Bett und redete ohne Unterbrechung, bis er plötzlich aufsprang, mich küßte und verschwand.

Meine Mutter sagte, ich müsse sofort nach Turin zurückkommen. Ich nahm den Schlafwagen; am Fenster stehend, sah ich, wie Rom sich langsam entfernte, und mein Herz krampfte sich zusammen und wurde ganz klein. Jemand berührte mich an der Schulter. Als ich mich umdrehte und Youssouf, einen jungen Albanesen, der eine Schwäche für mich hatte, neben mir sah, reagierte ich gereizt. Vor mir entschwanden die Felder von Palidoro. Youssouf hatte in Paris studiert; er war ungewöhnlich intelligent. Er erklärte mir, daß er mich liebe und mir gefolgt sei, um mir das zu sagen. Er gäbe sein Leben dafür, wenn er mich für zwei Jahre in einen Wald in Albanien bringen könnte, um mich »zu bilden«. Er würde mich die Bücher lesen lassen, die ich nicht kannte, würde mich Kunstgeschichte, Literatur und Geschichte lehren. Wie sei es nur möglich, fragte er immer wieder, daß ich meine Intelligenz so vergeude und mit einer Gruppe Dummköpfe herumzöge, die von nichts eine Ahnung hätte. Von der Lokomotive her zogen Rauchschwaden in den Gang des Schlafwagens. »Lerne«, sagte Youssouf zu mir, »ich bitte dich, lerne, lies, studiere. Wirf dich doch nicht in dieser Weise weg. Je suis tellement amoureux de toi«, fügte er schließlich hinzu, »que j'arriverais même à t'épouser*.«

Ich aber war so verliebt, so gefesselt von Raimondo, so eingesponnen in meine Welt, daß ich diese aus Liebe und Vernunft geborenen Ratschläge unerträglich fand. Grob sagte ich ihm, er solle mich in Ruhe lassen. Alles, was ich wollte, war, mich in mein Abteil zu vergraben und zu leiden. Doch meine Wut wurde immer größer, je deutlicher ich erkannte, daß Youssouf zumindest in einem Punkt recht hatte: Ich war völlig unwissend.

---

* Ich bin so verliebt in dich, daß ich dich sogar heiraten könnte

Es war damals noch üblich, daß Mädchen, die eine Ferienreise unternahmen, von einer »Anstandsdame« begleitet werden mußten. So brachen Berta, eine andere Freundin und ich in Begleitung eines Zimmermädchens nach Sizilien auf. Es war Ende Mai, und ein ganzer im Haus am Corso Oporto verbrachter Winter war mittlerweile seit Topazias Ball vergangen.
Seit meiner Rückkehr nach Turin hatte sich mein Leben grundlegend verändert. Ich hatte meine Mutter angefleht, ihren ganzen Einfluß beim Roten Kreuz geltend zu machen, damit ich schon jetzt – und nicht, wie es Vorschrift war, erst mit dem einundzwanzigsten Lebensjahr – zum Krankenschwesternkurs zugelassen würde. Nach endlosen Diskussionen wurde ich schließlich unter den skeptischen und mißbilligenden Blicken der adligen Damen, die den Freiwilligendienst des Roten Kreuzes leiteten, als Schülerin akzeptiert. Mit mir wurde auch Lotti aufgenommen, die mich unter ihre Fittiche nehmen sollte.
Wir trugen Schwesterntracht, weiß gestärkt und entsetzlich umständlich, mit Schleiern, Unterschleiern und halblangen Schutzärmeln wie Klosterfrauen. Die Zimmermädchen beklagten sich. Selbst das komplizierteste Abendkleid meiner Mutter hatte ihnen nie so viel Arbeit gemacht wie diese vermaledeite Schwesterntracht. Man brachte mir bei, daß

eine Krankenschwester nie rennen dürfe, denn das entspräche nicht ihrer Würde. Also zwang ich mich zu gesetztem Gehen, Arme und Beine stets im Einklang, bis ich zu einem leeren Korridor kam, den ich dann im Eiltempo entlangfegte. Im Nu wurden mir alle Botengänge anvertraut, weil ich sie in dem riesigen alten Krankenhausbau doppelt so schnell erledigte wie jeder andere. Der Geruch nach Krankheit verursachte mir immer noch Brechreiz, aber ich lernte meinen Ekel dadurch zu überwinden, daß ich ganz intensiv an etwas sehr Schönes dachte. Die Kranken mochten mich. Ich war so kräftig, daß ich fast jede Patientin hochheben und vom Bett auf die Bahre legen konnte. Ich war sehr jung, jünger als alle anderen Schwestern, und ich war gepflegt. Wenn ich mit den Frauen, die vom Markt an der Porta Palazzo kamen, im Dialekt redete, kugelten sie sich vor Lachen über mein ulkiges Piemontesisch.

Die Nonnen, die den Dienst in den Krankensälen versahen (die freiwilligen Helferinnen beendeten mittags ihre Arbeit), waren nur zu den Ärzten freundlich, an den Kranken aber ließen sie ihre ganze aus Gemeinheit und Dummheit gepaarte Anmaßung aus.

Die Krankensäle waren riesig; die Betten standen in zwei langen Reihen. Lag ein Patient im Sterben, dann umstellte man sein Bett mit einem dreiteiligen Wandschirm, damit die anderen nichts sähen. Im Krankensaal wurde es dann stumm. Ich erinnere mich an ein Mädchen, das die Arme um mich schlang und keuchte: »Lassen Sie mich nicht sterben. Ich will nicht sterben. Bitte, tun Sie was, damit ich nicht sterbe.« Ich hielt sie umschlungen, ihren Kopf auf meiner Schulter, ihre Arme um meinen Hals, bis die Oberschwester kam und mich wegholte. »Sind Sie verrückt«, fuhr sie mich an, »dieses Mädchen ist ansteckend, es stirbt an Tuberkulose. Gehen Sie sofort nach Hause, und waschen Sie sich.« Am

nächsten Morgen war das Mädchen verschwunden. Es war tot. Mir klang noch ihre Stimme im Ohr, die mich anflehte: »Verlassen Sie mich nicht! Lassen Sie mich nicht sterben.«
Gianni und Galvano, Raimondos Bruder, leisteten zusammen ihren Militärdienst als Offiziersanwärter der Kavallerie in Pinerolo. Wenn sie Ausgang hatten, erschienen sie in Turin wie zwei arme kleine Soldaten fern der Heimat, kurz geschoren, verfroren und ausgehungert.

Am Nachmittag hatte ich Unterricht, dann lernte ich bis zum Abendessen. Ich wollte es jenen skeptischen Damen zeigen, daß diese kleine Agnelli ihre Sache ernstnahm. Ich stand sehr früh auf und ritt aus, bevor mein Dienst im Krankenhaus begann. Mein Großvater hatte ein riesiges Grundstück gekauft, in dessen Mitte sich eine runde Reitbahn befand. Das Terrain war für die neuen Fiat Mirafiori-Werke bestimmt, die hier, vor den Toren Turins, entstehen sollten; aber solange mit den Bauarbeiten nicht begonnen wurde, erlaubte man mir, zwischen den blühenden Wiesen herumzugaloppieren.
Kam ich dann in den Krankensaal, in dem ich Dienst hatte, waren meine Wangen gerötet von der frischen Luft, und die anderen Krankenschwestern erschienen noch blasser und älter. Einige von ihnen konnten mich von vornherein nicht leiden. Andere dagegen akzeptierten mich, luden mich zu sich zum Tee ein und nannten mich »l'Agnellina«, das Lämmlein. Ich war glücklich bei dem Gedanken, eigene Freundinnen zu haben, ein Leben, bei dem ich als Person gewertet wurde, glücklich, daß es Menschen gab, die lächelten, weil ich »Guten Tag« sagte.

Raimondo holte uns ab und reiste mit uns durch Sizilien. Er verschlang zehn Eis hintereinander an einem Tischchen des »Rageth e Koch«, der vornehmen Konditorei von Palermo, in der die Sizilianer Eis und »granita di caffè« zu jeder Tageszeit zu sich nahmen. Er führte uns zum Stadtpalais seiner Großmutter, das inmitten der Stadt in einem Park lag, der die Größe eines Dorfes hatte. In einem totalen Durcheinander lebten dort Dutzende von Verwandten, die sich, wenn sie einander begegneten, mit extremer Förmlichkeit begrüßten. Sie sagten »liebe Fürstin« oder »lieber Vetter« und küßten sich manchmal die Wange, manchmal die Hand.
Wir gingen durch die düstere und vom Elend gezeichnete Altstadt. An den Ecken der Piazza wurden Innereien gebraten, und am Markt waren die Schwertfische länger als die Tische, auf denen sie aufgeschnitten wurden. Wir betraten die dunklen Kirchen, gingen durch sonnenbeschienene Gassen, deren Hauswände von Geranien überwuchert waren, besichtigten die Ruinen der antiken Tempel und das Kloster Monreale, wir entdeckten geheimnisvolle Villen, duftende Gärten, Orangenhaine und Strände.

Raimondos Großmutter lud uns zum Lunch ein. Wir zogen seidene Hemdblusenkleider, Strümpfe und Schuhe an. Die

Fürstin von Trabia lebte im Palazzo Butera; nach vorne hinaus sah man von einer riesigen Terrasse auf den Hafen. Die weitläufigen Salons waren mit rotem Brokat tapeziert, schwere Vorhänge schirmten sie gegen das Sonnenlicht ab. Jeder Zentimeter Raum war mit Teppichen, Bildern oder Möbeln bedeckt; man aß von silbernen Tellern. Es herrschte eine theatralische, zugleich dumpfe und orientalische Atmosphäre. Man konnte sich nur schwer vorstellen, daß es draußen die Sonne, das Meer und die dunkelhäutigen Kinder gab, die schreiend um Almosen bettelten. Die Stühle hatten eine hohe Lehne, und Raimondo hielt sich beim Sitzen sehr gerade. Vergaß er sich hin und wieder und lehnte sich in Gedanken zurück, dann blickte ihn seine Großmutter streng an und rief »Rrraimondo!« mit ihrem sizilianischen Akzent.

»Entschuldige, Großmutter«, antwortete er und richtete sich wieder auf. Später erklärte er mir, seine Großmutter fürchte, daß er die Stuhllehnen mit seinen brillantinegefetteten Haaren beschmutzen könnte.

Palazzo Trabia war Raimondos Zuhause seit seiner Kindheit, seit dem Tod seines Vaters. In dieser düsteren, weltfernen Atmosphäre war er von seiner Großmutter erzogen worden. Raimondos Mutter hatte mir einmal erzählt, wie sie mit ihren beiden Söhnen zur Beerdigung des Vaters nach Sizilien gekommen war. Die Fürstin von Trabia hatte die Kinder, die sie zum ersten Mal sah, betrachtet und dann, zu Raimondo gewandt, ausgerufen: »Bei dem sieht man, daß er ein Trabia ist; aber der andere, warum ist der so blond?« Und das vor der Mutter, die weizenblond war.

Galvano war damals mit seiner Mutter nach Vittorio Veneto zurückgekehrt und Raimondo in Sizilien geblieben. Die beiden Brüder hingen immer noch aneinander und liebten sich, vielleicht gerade weil sie so verschieden waren.

Raimondo zog Galvano damit auf, daß er so faul, so unentschlossen, so egoistisch, so naschhaft und so gleichgültig dem ganzen Leben gegenüber sei. Galvano lachte.
Die Fürstin von Trabia hatte ein großartiges Gesicht: hart und weiß wie eine Elfenbeinschnitzerei. Sie war sehr intelligent, durchschaute und wußte alles. Uns fragte sie, warum wir nach Palermo gekommen seien, wer uns begleite und was wir besichtigt hätten. Wir logen, indem wir Berta für viel älter ausgaben, als sie in Wirklichkeit war, und behaupteten, wir würden nicht von einem Zimmermädchen, sondern von einer Gouvernante begleitet, die wegen Kopfschmerzen im Hotel geblieben sei. Die Fürstin hörte uns zu, wußte genau, daß wir schwindelten, und amüsierte sich über unsere Verlegenheit.
Später brachte uns Raimondo im Auto nach Trabia, wo er ein Schloß besaß. Es lag überm Meer; ein Wasserfall ergoß sich über einen Teil der Terrasse und stürzte am Fuß der Klippen ins Meer. Davor lag die »tonnara«, die Thunfisch-Fangbucht. Man sah das große flache Boot und die Fähnchen, die anzeigten, wo sich die Netze befanden. Wir blieben über Nacht. Raimondo fuhr mit mir im Boot hinaus aufs mondbeschienene Meer; er hoffte, daß die Thunfische in die Bucht kämen, damit uns das Schauspiel der »mattanza« nicht entginge, wenn die Fische im letzten Netz mit großen Harpunen getötet würden. Das Meer würde sich dann vom Blut rot färben und Raimondo in die »camera della morte«, in die Todeskammer, tauchen und unter dem Beifall der Fischer darin herumschwimmen.

Saluto al Duce!« »Heil dem Duce!« brüllte eine Stimme im Radio. Danach hörten wir die Kriegserklärung an England und Frankreich. Meine Mutter hatte Tränen in den Augen. Miss Parker schneuzte sich die Nase. Wir saßen alle um den Rundfunkapparat. Für uns bedeutete der Krieg ein unbekanntes Abenteuer, und wenn man jung ist, haben Dinge, die man nicht kennt, eine große Anziehungskraft.

In meiner Krankenschwesterntracht fuhr ich jeden Morgen zum Krankenhaus hinauf. Lotti radelte ohne große Begeisterung hinter mir drein. Wir waren den ganzen Tag mit der Pflege der Verwundeten beschäftigt, die von der französischen Front zurückkamen. Sie erzählten uns, wie sie ohne Strümpfe in wasserdurchlässigen Pappstiefeln durch den Schnee stapfen mußten; wie sie niedergemetzelt wurden, bevor sie ahnten, was eigentlich vor sich ging.

Ein Krankensaal in Kriegszeiten ist völlig anders als ein normaler Krankensaal. Braungebrannte, gesund aussehende Burschen zeigen einem unerwartet den Stummel eines amputierten Glieds oder eine große blutende Wunde, und die Luft ist erfüllt vom Gestank nach Gasbrand.

Die Erregung war so schnell verflogen und hatte fast alle Italiener besorgt und ratlos zurückgelassen. In den Augen der älteren Menschen lagen Verzweiflung und Angst.

Wir waren noch jung und glaubten immer noch, daß hinter der Ecke ein Leben voll blühender Bäume auf uns warte.

Ich bat, einmal einer Operation beiwohnen zu dürfen. Man sagte mir, ich sei zu jung; man hatte Angst, daß ich ohnmächtig würde. Aber die Oberin unterstützte meinen Antrag, und so wurde ich eines Dienstagmorgens in den Operationssaal geschickt.
Als ich hereinkam, bemerkte ich, daß die jungen Assistenzärzte lachten und mich seltsam belustigt ansahen. Ich stand in einer Ecke, den weißen Schleier zwei Finger breit über den Augenbrauen, den Gewandsaum dreißig Zentimeter vom Fußboden entfernt, wie es die Vorschrift verlangte.
Man brachten den ersten Patienten und begann ihn mit sterilen Tüchern abzudecken. Sie bedeckten ihm die Beine und den Brustkorb, dann die Oberschenkel und den Bauch, schließlich alles übrige, bis nur noch der Penis des jungen Mannes sichtbar blieb. Dann führten sie die Operation durch. Danach wurde ein anderer Bursche hereingefahren und an ihm die gleiche Prozedur vorgenommen. Das wiederholte sich sechs- oder siebenmal hintereinander. Ab und zu drehte sich einer der Ärzte um und warf einen Blick auf mich, um meine Reaktion zu beobachten. Ich glaube, daß ich mich nicht gerührt habe. Ich schaute schweigend zu und täuschte totale Gleichgültigkeit vor. Zum Schluß wandte sich einer von ihnen mir zu und fragte: »Na, Schwester Agnelli, war das interessant?«, und alle brachen in Gelächter aus.
»Vielen Dank«, sagte ich, »ja, sehr interessant«, und ging hinaus. Ich war bestürzt über soviel stupide Vulgarität. Ich haßte diese pubertären Sexualkomplexe, dieses Bedürfnis, mich in Verlegenheit zu bringen, diese lächerliche Art, eine

eingebildete männliche Überlegenheit zur Schau zu stellen. In dieser Zeit habe ich gelernt, daß die Männer tatsächlich das männliche Glied für etwas ganz Außergewöhnliches halten. Oft rief mich ein Soldat, der eine Bruch- oder Blinddarmoperation hinter sich hatte, zu sich und sagte: »Bitte, Schwester, sehen Sie sich meine Wunde an; sie tut mir weh.« Beugte ich mich dann über ihn, so deckte er sich schnell auf, um mir eine unerwartete Erektion vorzuführen, die mich jedoch völlig gleichgültig ließ, da ich damals noch nicht wußte, was das bedeutete. Die anderen Schwestern lachten und riefen: »Deck dich zu, deck dich zu, du Lausebengel!« Ich versorgte ganz ernsthaft die Wunde. Das war der große Spaß des Krankensaals.
Eines Tages kam ein Arzt auf mich zu. »Sie glauben überhaupt nicht an diese Welt, nicht wahr, Schwester Agnelli? Für Sie existiert nur die Welt im Jenseits. Sie sehen immer so aus, als würden Sie in die Ferne blicken.«
»Nein, nein! Mir gefällt diese Welt sehr gut«, beteuerte ich. Offensichtlich waren unsere Welten aber verschieden.

R aimondo sollte am späten Abend mit dem Zug nach Forte dei Marmi kommen. Wie durch ein Wunder fand ich ein Taxi, um ihn in Viareggio abzuholen.
Während des Krieges waren die Bahnhöfe in Italien permanent überfüllt, ein Zustand, der halb an die Ferienzeit, halb an eine Erdbebenkatastrophe erinnerte. Ich stand – gequetscht, geschoben und gestoßen von Hunderten von Menschen, die sich in dem matten Licht drängten – und versuchte aus dem unverständlichen Krächzen, das ständig aus den Lautsprechern tönte, herauszuhören, wann Raimondos Zug ankäme. Alle Leute schrien und stellten sich auf die Zehenspitzen, um die Aussteigenden zu sehen und überhaupt mitzubekommen, was vor sich ging.
Ich trug ein blau und weiß gestreiftes Kleid und hielt drei Gardenien in der Hand, die mir irgend jemand geschenkt hatte, als ich ins Taxi stieg. Ich preßte die Blumen an mich und bemühte mich, meinen Platz zu halten, von dem aus ich die Sperre überblicken konnte, durch die sich der Strom der Reisenden drängte. Dann sah ich ihn: berstend vor Vitalität, mit offenem Hemdkragen, die geknotete Krawatte wie eine Kette um den Hals; seinen anmaßenden, sanften und fragenden Blick und sein überraschtes Lächeln, als er mich am Bahnhof entdeckte.
»Bist du verrückt«, sagte er und küßte mich, »ich schwöre

dir, daß ich nie daran gedacht habe, diesen Zug zu nehmen. Das war das letzte, was ich tun wollte; es ist reiner Zufall, daß ich da bin.«
»Aber du hast mir doch selbst gesagt, daß du mit diesem Zug ankommen würdest«, murmelte ich.
»Ich tue nie das, was ich sage.«
Er küßte mich noch einmal, zog mich zum Taxi und hielt meine Hand; er wandte sich mir zu, betrachtete mich und rief: »Was ist denn mit dir passiert? Du bist ja hübsch geworden!«
Da wir kein Auto mehr hatten, fuhren wir mit dem Fahrrad durch die leeren Straßen. Wir segelten; Freunde kamen zu Besuch und blieben da; wir lagen endlos auf dem Bauch im Sand und redeten über unser Leben in jener Zukunft, die uns so nah erschien. Am Abend versammelten wir uns um den Tisch im Wirtschaftsraum, aßen, was wir fanden, und redeten, redeten, redeten, bis wir dann wieder hinausliefen, um zu sehen, wie die Sonne über dem Meer aufging und den grauen, kalten Sand mit glitzerndem Silberstaub bedeckte. Dann fielen wir ins Bett, erschöpft, fröstelnd und jung.
Am nächsten Morgen lag ich im Sand und sah Raimondo zu, wie er am Wasser entlangging. Sein rundes Hinterteil, seine verbrannte Haut, seine breiten sinnlichen Schultern verursachten mir plötzlich eine Regung im Unterleib. Es war das erste Mal, daß ich eine sexuelle Anziehung verspürte, und mir wurde klar, daß es sich dabei um etwas Eigenständiges handelte, das mit der Liebe nichts zu tun hatte. Doch war ich schließlich damals schon in Raimondo verliebt, und diese neue Regung erfüllte mich mit einem Gemisch aus Leere, Glück und Verzweiflung. Raimondo fuhr nicht, wie sonst, nach zwei Tagen wieder ab. Er lag neben mir im Sand. Ich lernte, wie süß es war, seine Haut auf der meinen zu spüren, die Wonne, gemeinsam zu denken, in einer eigenen

Welt zu leben, nicht zu wissen, ob man wach ist oder träumt, ob es Abend oder Morgen ist, daß die Sonne scheint, daß Krieg ist: von nichts anderem zu wissen als vom Beieinandersein.

Raimondo war eng mit Galeazzo Ciano, Mussolinis Schwiegersohn und Außenminister, befreundet. Galeazzo speiste mit ihm, wenn sie in Rom waren, und nahm ihn auf offizielle Reisen mit, um alle durch die Nachahmung des deutschen Botschafters oder der Faschistengrößen zu amüsieren. Ihm war fast alles erlaubt.
Ciano war das mondäne Abbild der Macht. Da er Golf spielte, fing die ganze römische Gesellschaft an, Golf zu spielen.
Um die Mittagessenszeit versammelten sich alle im Club Acqua Santa und warteten wie Bettler auf das »Ciao« von Galeazzo. Die Frauen benahmen sich mit einem peinlichen Mangel an Würde. Die momentane Favoritin wurde umschmeichelt, beneidet, verabscheut und umworben. Mit Galeazzo eingehängt zu gehen, mit Galeazzo gesehen zu werden, von Galeazzo beschlafen zu werden, das waren die wahren Zeichen des Erfolgs.
Auch wenn wir später Freunde wurden, so muß doch gesagt werden, daß Galeazzo bei Gott kein anziehender Mann war. Das vorgeschobene Doppelkinn, die fettigen, glatten Haare, die kleinen, glänzenden, von einem gelblichen Hof umgebenen Augen, die kurzen Arme und Beine waren noch nichts, verglichen mit der scharfen, näselnden Fistelstimme, mit der er sich arrogant an die ihn Umstehenden wand-

te. Was immer er auch sagte, alle bogen sich vor Lachen. Ich glaube, er verabscheute sie zutiefst.

Eines Abends brachte Raimondo Galeazzo mit zu einem unserer Gespräche am großen Tisch. Meine Freunde, mit denen ich die Nächte durch diskutierte, machten sich unter stummem Protest davon.

»Also, was habt ihr anzubieten?« kreischte Galeazzo heiser.

»Ich weiß nicht, vielleicht ein paar Kekse, vielleicht eine Praline; kann sein, daß sich irgendwo auch noch Wein finden läßt.« Sein Gefolge begann aufgeregt zu schnattern.

»Aber es wird doch hoffentlich noch etwas Besseres da sein.«

»Nein«, sagte ich. Tatsächlich war nichts anderes da. Meine Mutter mißbilligte den Schwarzmarkt, und schon die Pralinen waren eine seltene Ausnahme.

Wir setzten uns hin. Damen, Diplomaten, Minister und Hofnarren warteten auf eine Reaktion. Galeazzo lachte laut heraus. Er war nervös, weil er nach Rom zurück mußte, um sich die Mandeln herausnehmen zu lassen. Alle versicherten ihm, daß es sich dabei um einen ganz harmlosen kleinen Eingriff handle. Ich schwieg.

»Und was sagt unsere Krankenschwester? Wird es weh tun?«

»Sehr«, antwortete ich.

»Also wirklich, Suni! Wie kannst du nur so etwas Absurdes sagen? Du weißt doch genau, daß Galeazzo überhaupt keine Schmerzen haben wird. Warum ihn also beunruhigen?«

Ich schwieg wieder. Ich suchte Raimondos Hand und hielt sie fest. Beim Weggehen sagte Galeazzo zu mir: »Das Regime erlaubt nicht, Sie zu sagen: wir müssen uns duzen.«

»Ich danke Ihnen, und ich hoffe, Sie wieder einmal bei uns zu sehen.«

»Er ist schrecklich, nicht wahr?« sagte ich zu Raimondo, »und doch gefällt er mir. Er ist intelligent und geistreich. Wenn er nur nicht immer diese gräßlichen Leute um sich hätte.«
Die Türen des Korridors öffneten sich eine nach der anderen, und meine Freunde kamen wieder zum Vorschein. Wir setzten uns um den Tisch. Aber es war nicht mehr wie an den anderen Abenden. Ich wußte, daß sie sich verraten fühlten.

Raimondo war für ein paar Tage nach Rom gefahren. Er rief mich an, um mir zu sagen, daß wir uns in der Nähe von Livorno treffen sollten, wo uns Galeazzo zu einer Fisch-Partie eingeladen habe. Galeazzo würde mich mit einem Wagen abholen lassen.
Durch einen Zwischenfall kam ich sehr spät an, und Raimondo war mit den anderen bereits in einem Fischerboot hinausgefahren. Ein Ruderboot brachte mich zu ihnen über das große Netz hinweg, in dem die Fische zappelten. Während wir uns dem Schiff näherten, sah ich Raimondo aufrecht an Deck stehen, er allein im hellen Anzug, zwischen den anderen, die alle dunkel gekleidet waren. Ich war schüchtern und hatte Angst vor dem Augenblick des Wiedersehens. Mir gingen all die fremden Menschen auf die Nerven, die um ihn herumstanden.
Man bat mich, im Boot zu bleiben und beim Leeren des Netzes zu helfen. Es gab eine Unmenge Fische, große, lebendige, zappelnde, schlüpfrige, nasse, silberne, glitzernde Fische. Im Nu war das ganze Boot voll. Wir kehrten zur Mole zurück, und endlich konnte ich mich Raimondo nähern. Ausnahmsweise lachte er nicht. Er nahm schweigend meine Hand und hielt sie fest. Er litt. Ich begriff nicht, was mit ihm los war. Später, als wir allein waren, sagte er zu mir: »Ich habe dir immer wieder erklärt, daß ich meine Freiheit über

alles liebe. Mir ist nichts wichtiger als meine Freiheit. Ich möchte dich heiraten. Ich hab' dich lieb.«
Galeazzo brachte uns zu seinem Haus in Antignano, und bei Tisch setzte er mich zwischen sich und Raimondo. Galeazzo lachte: »Du bist jemand, der die Wahrheit sagt. Die Operation war fürchterlich, mein Hals hat mir höllisch weh getan. Du bist der einzige ehrliche Mensch; du hast es mir vorausgesagt. Ich wollte dir ein Telegramm schicken.«
Wir wurden Freunde. Zu sich nach Hause, wo seine Kinder lebten, die er vergötterte, lud er seine Liebchen nicht ein. Es waren Minister, Berater, Parteigrößen und Freunde aus Livorno da, dennoch blieb die Atmosphäre familiär, auch wenn man zu jeder Mahlzeit Champagner trank.
Nach Tisch machte Raimondo mir eine Szene. »Du hast während des ganzen Essens kein einziges Wort mit mir gesprochen. Du hast nur mit Galeazzo geredet. Paß auf, daß ich dich nicht verprügle: ich werde es dir schon zeigen.«
Ich war verblüfft. »Mach keine Witze«, sagte ich. »Was stellst du dir eigentlich vor? Soll ich dem Hausherrn den Rücken zukehren, um den ganzen Abend mit dir zu reden? Warum bringst du mich hierher, wenn du willst, daß ich mich unhöflich benehme? Oder glaubst du vielleicht, ich bin eines von diesen Weibern, die mit keinem Mann reden können, ohne gleich mit ihm zu flirten? Auf alle Fälle, laß uns jetzt heimfahren: ich hab' genug.«
Wir kehrten nach Forte dei Marmi zurück. Es war September. Der Himmel war blauer, die Luft frischer; wir schliefen so gut wie nie, wir lagen im Segelboot, sahen dem Wind zu und hörten pausenlos »Ohi Marì, ohi Marì«.
»Was macht ihr eigentlich, wenn ihr einmal eure beiden Hände braucht«, fragte man uns.
Das Glück ist so kurz, daß man sich, solange es andauert, wirklich mit einer Hand begnügen kann.

Ich lag mit einer Lungenentzündung zu Bett. Raimondos Großmutter kam, um mich zu besuchen.
Meine Mutter war im zweiteiligen Badeanzug, damals etwas sehr Ungewöhnliches, und ich bat sie, sich doch dem Anlaß entsprechender zu kleiden. Während die Fürstin von Trabia betont gemessen in mein Zimmer trat, erschien meine Mutter in einem bezaubernden Kleid »comme il faut«.
Raimondo erhob sich. Seine Großmutter musterte mit durchdringendem Blick das Zimmer, das große Bett mit den beiden Kopfkissen, in dem ich lag, mich, ihren Enkel. Sie nahm in einem Polstersessel mit hoher Rückenlehne Platz.
»Nimm kein Aspirin, meine Tochter, sie haben meinen Sohn damit umgebracht.« Und im Hinausgehen wiederholte sie noch einmal: »Denk daran, kein Aspirin!«

Man schickte mich ins Sanatorium nach Davos. Weiße Zimmer, grünliche Korridore, blütenweiß gestärkte Krankenschwestern, in einem Zimmer der Großherzog Dimitri, daneben eine deutsche Nymphomanin, dann ein portugiesischer Jüngling, ein Schweizer Lautenspieler und sehr viele alte Leute.
Um das Sanatorium Schatzalp zu erreichen, mußte man die Seilbahn benutzen, die während der Saison jede Stunde fuhr,

ansonsten nur ein paarmal am Tag. Saison war im Winter, wenn die Kinder mit ihren Schlitten herauffuhren, um die eisige Bobpiste hinunterzurodeln.
Als wir ankamen, lag kein Schnee. Es war noch Herbst, und der Weg, der von der Seilbahnstation zum Sanatorium führte, breitete sich fahl und kalt vor uns aus.
Die Kur bestand darin, daß man im Bett lag – entweder auf dem kleinen Balkon oder im Zimmer bei weit geöffneten Fenstern – und die Luft einatmete, die einen heilen sollte.
Da ohnedies alle im Bett lagen und immer die Fenster geöffnet waren, wurde eine Heizung für unnötig erachtet. Arme Lotti, die nicht krank war und mit Mantel, Wollstrümpfen, Pelzstiefeln, Schal und einer Decke über den Knien dasaß und immer noch mit den Zähnen klapperte.

Am Tag hatte es etwas Faszinierendes, in der absoluten Stille, zugedeckt und mit Wärmflaschen versehen, im Bett zu liegen und den herabfallenden Schneeflocken zuzuschauen oder die weißen, von dunklen Kiefern gefleckten Berge in der Ferne zu betrachten. Es war ein ähnliches Gefühl, wie wenn man sich nach einem Bad im kalten Wasser mitten auf dem Meer sonnt. Man treibt ziellos dahin, empfindet, ohne zu denken, und nur mit der Haut nimmt man wahr, daß man lebt.
Aber am Abend, wenn sie einen um fünf Uhr ins Zimmer zurückbrachten, die heiße Schokolade mit dem Zwieback zum Eintauchen servierten und man sich in diesem mattglänzenden Aquarium befand, ohne eine andere Beschäftigung, als darauf zu warten, daß es Morgen würde, da erfaßte einen namenlose Angst.
Lotti saß auf einem Stuhl, ohne etwas zu tun, und gemeinsam warteten wir darauf, daß es Schlafenszeit würde.
An Raimondo schrieb ich. Er fehlte mir, aber ich hatte ihm

nicht viel zu sagen. Ich fühlte, daß ich ihn irgendwie enttäuscht hatte. Ich wußte, daß ich nicht wirklich krank war. Ich war müde, aber ich wußte nicht wovon.

Ich bekam eine merkwürdige Hautkrankheit, die von einem unerträglichen Juckreiz begleitet war. Ich versuchte, den Ärzten zu erklären, daß es sich um Krätze handle. Raimondo hatte sie sich im Zug geholt und war sie mit Hilfe einer drastischen Kur innerhalb von drei Tagen wieder losgeworden. Die Ärzte lächelten mit verächtlicher Überlegenheit: »Die Krätze ist eine Soldatenkrankheit: hier handelt es sich um etwas viel Komplizierteres.« Es kamen Spezialisten von überallher. Meine Mutter hatte sich überzeugen lassen, daß ich an einer seltsamen Blutkrankheit litte. Ich wurde mit Salben und Ölen einbalsamiert. Der Juckreiz wurde immer stärker.

Raimondo kündigte seine Ankunft an, und ich ging zum Bahnhof, um ihn abzuholen. Ich stand unter dem tristen Bahnhofsdach von Davos Platz und sah dem Zug entgegen, der durch den Schnee auf uns zukam. Die Schweizer Bahnhofsglocke machte »dang-dang«, der Stationsvorsteher rief »Davooos Platz«, ein paar Reisende stiegen aus, und Raimondo war nicht dabei. Ich fuhr mit der Seilbahn ins Sanatorium zurück, legte mich aufs Bett und weinte. Später rief mich Raimondo an. Er habe die Fahrpläne durcheinandergebracht und versuche jetzt, eine Sonderfahrt der Seilbahn zu bewerkstelligen; er habe auch ein Geschenk für mich dabei. Ich wartete auf ihn, während die Seilbahn langsam den Berg heraufschwebte. Er war durchfroren und blaß; um den Hals trug er einen hellblauen Schal. An der Leine führte er die größte gefleckte Dogge, die es je gegeben hat. Sie war groß wie ein Kalb, hinreißend schön, ruhig, stark und majestätisch. Heimlich schmuggelten wir sie ins Zimmer; wenn

sie sich rührte, wackelte der ganze Raum; wenn sie Durst hatte, soff sie eine ganze Badewanne leer; sie hieß Nador. Ausgestreckt auf dem Bett, die Arme um Raimondo gelegt, wußte ich, daß es nie mehr so sein würde wie früher. Raimondo war für andere Dinge gemacht, und ich auch.
Ich war traurig, weil ich ihn liebte und wußte, was er fühlte: es tat mir weh, und ich konnte nichts dagegen tun.
Über die Aufregung, die Nadors Entdeckung am nächsten Morgen hervorrief, mußten wir drei Tage lang lachen.

Raimondo und ich verlobten uns. Meine Mutter überreichte mir einen wunderbaren Verlobungsring und ein Armband, das Raimondos Großmutter ihr für mich gegeben hatte. Immer wieder streifte ich mir den Ring an den linken Ringfinger und betrachtete ihn. Er hatte so gar nichts mit Raimondo oder mit mir zu tun.
Ich hatte Angst, von neuem krank zu werden. Ständig kontrollierte ich meine Temperatur. Zur Genesung fuhr ich nach Cortina, und eines Tages fragte ich einen einheimischen Arzt, was er von meiner Haut halte.
»Aber sicher ist das Krätze«, lachte er. »Reiben Sie sich mit dieser Flüssigkeit ein, und Sie werden sehen, in drei Tagen ist alles weg.«

Jeden Tag telefonierte ich mit Raimondo. Wir sollten im Juni heiraten, aber wir erwähnten unsere Hochzeit fast nie. Er erzählte mir von den Leuten, mit denen er ausging, und von den Frauen, mit denen er ins Bett ging. Er sagte, alle seien ganz anders als ich, und mich liebe er. Damals war ich nicht eifersüchtig. Zwischen Raimondo und mir gab es noch etwas anderes.
Ich schrieb ihm lange Briefe, und er erzählte mir, daß er sie in der Badewanne lese. Er wohnte in einem Appartement des Grand Hotel, umgeben von Schallplatten, Zigaretten-

stummeln, Plüschmöbeln, Fotografien und Zeitungen. Wenn er gerade nicht mit einer Frau in seinem Riesenbett lag, verbrachte er die Zeit am Telefon. Und immer hatte er es eilig, immer war er verspätet.
Ich fuhr zu ihm nach Rom. Stundenlang wartete ich auf ihn an der Piazza Colonna, wo wir uns trafen, um zusammen in einer Trattoria zu Mittag zu essen. Einmal machte ich ihn darauf aufmerksam, daß er mich eine Stunde und vierzig Minuten habe warten lassen.
»Aber, Nini, ich bitte dich«, rief er aus, »du hast doch hoffentlich nicht geglaubt, ich sei pünktlich.«
Er hatte recht. Ich lachte.
Er setzte sich an einen Tisch und stapelte neben seinem Teller einen riesigen Berg Zeitungen, die er dann alle, eine nach der anderen, las. Dabei hielt er meine Hand, und ab und zu hob er den Kopf und fragte »Liebst du mich, Nini?«
Ich liebte ihn.
»Gott sei Dank bist du keine von diesen unausstehlichen Frauen, die immer sagen ›Sind dir die Zeitungen wichtiger als ich‹ und ein Gesicht ziehen. Ich liebe dich.«
Ich war gern mit ihm zusammen, wenn er so ganz er selbst und egoistisch war, wenn er sich zu nichts gezwungen oder verpflichtet fühlte. Ich war sehr jung.

Ich hatte mein Leben in Turin bereits wiederaufgenommen, als Raimondo anfing, mir von einer jungen, damals ziemlich bekannten Schauspielerin zu erzählen, mit der er oft ausging und die ihn faszinierte. Ich wunderte mich, daß dieses Mädchen plötzlich Zugang zur exklusiven Gesellschaft Roms hatte, zu Aristokraten, die im allgemeinen niemand für vornehm genug hielten, um von ihnen empfangen zu werden. Ich wußte auch, daß sich die Türen der Palazzi sogleich öffneten, wenn Galeazzo darum bat, daß

jemand eingeladen würde. Das schien hier der Fall zu sein. Die römische Gesellschaft war glücklich über einen so schönen Schützling. Eines Tages nahm ich den Zug und fuhr nach Rom.
Galeazzo hatte mir gesagt, ich solle ihn in seinem Büro im Palazzo Chigi besuchen. Ich sehe mich noch heute in der Halle auf dem Marmorfußboden stehen, zwischen Amtsdienern und wartenden Menschen. Sogleich wurde ich mit verständnisvollem Lächeln in einen kleinen Salon geführt, in dem ein violettes Samtsofa stand. Galeazzo kam herein, setzte sich und legte mir den Arm um die Schulter. Ich war verlegen. Er sagte mir, Raimondo habe wegen dieses Mädchens völlig den Kopf verloren und es sei besser, ich würde ihn vergessen.
Dann sagte er: »Entschuldige, wenn ich dich etwas Indiskretes frage, aber warst du Raimondos Freundin? Ich meine, habt ihr zusammen geschlafen?«
Ich war entsetzt, auch wenn ich wußte, daß er auf seine Weise versuchte, nett zu mir zu sein. »Raimondo ist Sizilianer«, anwortete ich, »er will eine Jungfrau heiraten.«
»Ach so«, seufzte er erleichtert, »Raimondo ist also ein Signore. Alle Hochachtung.« Ich stand auf, ging hinaus und überquerte den Platz.
Im Café gegenüber ging ich auf die Toilette und übergab mich.
Was bedeuteten schon Gefühle? Wichtig war nur die Jungfräulichkeit. Auf diese Weise konnte sich die römische Gesellschaft wieder edel und überlegen fühlen.

Raimondo sagte mir, ja, es sei wahr, er sei verrückt nach dieser Schauspielerin. Aber was mache das denn? Was zähle, sei doch die Person, die einer liebe, nicht die, mit der man Lust habe, ins Bett zu gehen. Das gehe vorüber. »Warte«,

sagte er, »bitte, warte. In ein oder zwei Monaten habe ich diese Krankheit ausgestanden, und dann heiraten wir.«
Ich legte der Herzogin Cito, der Inspekteurin der Turiner Krankenschwestern, meinen Fall so überzeugend dar, daß ich, trotz meines jungen Alters, zehn Tage später in Neapel an Bord eines Lazarettschiffs gehen konnte, das die Verwundeten aus Afrika evakuieren sollte.

Die italienischen Lazarettschiffe waren wunderschöne Schiffe: gut bemannt, gut geführt, gut organisiert. Bei der Marine war alles etwas besser als bei den anderen Waffengattungen. Kam eine freiwillige Krankenschwester an Bord, wurde sie mit einem Salut aus der Trillerpfeife empfangen, der sonst den Offizieren vorbehalten blieb.
Aufgewühlt, verzweifelt und stolz stieg ich den Laufsteg hinauf. Die Krankenschwestern waren in einem Appartement mit sechs Kabinen untergebracht, immer zwei in einer Kabine. Außer mir stammten alle aus Mailand und waren in mittlerem Alter, zumindest über dreißig. Meine Anwesenheit wurde sehr argwöhnisch aufgenommen. Ich hörte, wie eine der Schwestern sagte: »Mein Gott, dieser Krieg! Und jetzt haben wir auch noch die kleine Agnelli mit ihrem Liebeskummer.«
Zum Diner zogen wir die weiße Tracht mit Schleier an, alles gestärkt und perfekt gebügelt. Wir saßen an einem eigenen Tisch, und sobald das Essen vorüber war, stellten wir uns in Reih und Glied auf und beantworteten die Fragen der Offiziere, die sie an uns zu richten geruhten. Es gab Marineoffiziere und Sanitätsoffiziere, den Kaplan und ein paar Journalisten. Alles ging äußerst formell und »seriös« zu. Nach zehn Minuten salutierten wir und zogen uns in unser Appartement zurück.

Es war die große Sorge des Italienischen Roten Kreuzes (an dessen Spitze traditionsgemäß eine Prinzessin des Hauses Savoyen stand), daß die freiwilligen Helferinnen nicht ernstgenommen werden beziehungsweise als leichtlebig gelten könnten. So war man auf den Lazarettschiffen peinlich bemüht, die Rotkreuzschwestern fern von jedweder männlichen Gesellschaft zu halten, auf daß ihr romantisches Image von Frau, Madonna, Mutter und Schwester – das Ideal aller Italiener – keinen Schaden erlitte.

In dieser Absicht versuchte die Leitung des Italienischen Roten Kreuzes, auf den Lazarettschiffen nur ältere Helferinnen einzusetzen, die nach Möglichkeit häßlich und sehr katholisch sein sollten, mochte ihre berufliche Qualifikation auch sehr gering sein. Lieber eine Gräfin in den Fünfzigern als eine hervorragende Fachkraft.

Die Gruppe, mit der man mich einschiffte, wurde zufällig von einer bewundernswerten, hochintelligenten Frau geführt, die an der Universität Neapel orientalische Sprachen studierte. Sie war durch den Rücktritt ihrer Vorgängerin auf den Platz der Oberschwester gerückt, und dadurch war auch der Posten für mich freigeworden.

Tina und ich wurden enge Freundinnen. Ich verehrte sie. Sie hatte erstaunlich viel Sinn für Humor und beurteilte die Menschen mit einem äußerst scharfen, unbarmherzigen Blick, der jedoch durch große Güte gemildert wurde. Sie hatte eine ruhige und wohlklingende Stimme und konnte stundenlang reden. Mir machte es Spaß, die Leute nachzuahmen; sie mokierte sich über die Dummheit und Einbildung der Ärzte, und zusammen hatten wir viel zu lachen. Tina hatte beschlossen, daß ich unter ihrer Aufsicht im Offiziersrevier Dienst tun sollte. Die anderen Krankenschwestern waren damit nicht einverstanden. Es war üblich, daß die älteste der Helferinnen das Offiziersdeck übernahm, um

eventuelle Komplikationen zwischen den beiden Geschlechtern zu vermeiden. Freunde, die auf einem Lazarettschiff in die Heimat zurückgebracht worden waren, hatten mir von ihrer Pflege durch eine schwerhörige siebzigjährige Schwester erzählt, die unterschiedslos an alle Kamillentee verteilte. Tina zuckte die Achseln: »Sie kann Fremdsprachen. Wir müssen viele Kriegsgefangene einschiffen. Ich brauche sie im Offiziersrevier.«
Zu mir sagte sie: »Verstehst du, ich kann dort keine gebrauchen, die meint, daß jeder Offizier automatisch ein Casanova ist. Bei dir besteht diese Gefahr nicht!«
Der Zahlmeister und die Ärzte waren zwar erstaunt, aber sie akzeptierten die Entscheidung der Oberschwester.
Wir nahmen Kurs auf Afrika: Bengasi, Tobruk, Marsa Matruh. Es waren drei Tage Seefahrt. Wir bereiteten das Material in den Krankensälen vor und überzogen die Betten. Wir wuschen und bügelten unsere Schwesternuniformen, um sie für die Rückreise griffbereit zu haben. Ich lernte bügeln und Knöpfe annähen. Bei Sonnenuntergang ging ich an Deck und schaute aufs Meer. Ich betete. Ich dachte an Raimondo, und mir stiegen Tränen in die Augen.
Wir hatten vereinbart, daß wir uns zwei Monate nicht schreiben und nach Ablauf dieser Frist über unsere Zukunftspläne sprechen wollten. Raimondo hatte mir seinen Ring gegeben, einen Siegelring mit einem Schlüssel darauf, den er immer am Finger trug. Ich trug ihn an einer Kette um den Hals. Nachts, vor dem Einschlafen, steckte ich ihn in den Mund.

Ich war so aufgeregt, daß ich bereits an Deck stand, als die afrikanische Küste noch in weiter Ferne lag. Der warme und heftige Wüstenwind hatte gerade erst begonnen, das Schiff zu umwehen.

Während wir uns dem Ufer näherten, kamen uns bereits die großen Flöße entgegen. Die Verwundeten lagen auf Bahren, ihre blutdurchtränkten Verbände leuchteten rot unter der glühenden Sonne; das Meer war wie gelackt. Wer nicht gehen konnte, wurde in einem Netz an Bord gehievt. Man stellte die Bahren auf dem heißen und windigen Deck in Reihen auf, damit die Ärzte jeden in die entsprechende Abteilung einweisen konnten: die Offiziere, die Unteroffiziere, die einfachen Soldaten; dann die Schwerverwundeten, die leichter Verwundeten und die Kranken. Die Italiener erkannte man an ihrer Hautfarbe; die Deutschen waren stolz und blond, einige hatten ihre Tapferkeitsauszeichnungen an den Verband geheftet; die Engländer mit ihrer hellen und empfindlichen Haut lachten; einige der Gefangenen waren Schwarze.

Ein ganz junger Bursche mit der brüchigen Stimme des Heranwachsenden zupfte mich am Rock: »Madame, je suis un officier«, »ich bin Franzose, und ich bin Offizier«, wiederholte er. Ich machte den Sanitätsoffizier darauf aufmerksam.

»Wenn er Franzose ist, dann ist er bloß ein Verräter«, wurde mir geantwortet.

Das gesamte Deck war voll von Bahren; dazwischen ertönten Rufe, Befehle, Klagen. Wir gingen herum und schenkten den Verwundeten Limonade ein. Es herrschte eine mörderische Hitze, und es brauchte eine Ewigkeit, bis alle Verwundeten in ihren Betten lagen.

Zum ersten Mal sah ich dem Krieg ins Gesicht: verstümmeltes Fleisch, Verzweiflung, Schmerz und zahllose Augen, die mich fragend anblickten.

Als ich am nächsten Morgen im Laufschritt auf meiner Station ankam, fand ich dort eine Gruppe englischer Offiziere vor, die sich über einen kleinen italienischen Pfleger lustig machte. Der Pfleger hielt sich seinerseits für den Herrn der Lage und ahnte nicht, was die Engländer ihm höflich lächelnd antworteten.
»Das Marsa Matruh«, sagte er und wies durch das Fenster auf ein Dorf in den Dünen.
»Ach nein, wirklich? Wer hätte das gedacht!« Die Offiziere schüttelten sich vor Lachen.
»Wir Krieg gewinnen«, fuhr der Pfleger fort.
»Ehrlich gesagt, young chap, da wäre ich nicht so sicher, vor allem wenn alle Soldaten so sind wie du«, hörte ich sie lachend auf englisch antworten. Ich unterbrach die Unterhaltung und bat den Pfleger zu gehen. Er erwiderte, er müsse die Gefangenen bewachen. Ich sagte ihm, er solle sich dazu vor die Tür stellen. Dann wandte ich mich an die Offiziere und ersuchte sie, in die Betten zurückzukehren.
»Wo haben Sie Englisch gelernt?« riefen sie.
»Bei meiner Gouvernante«, antwortete ich. Sie stiegen in ihre Betten zurück.
Einige waren völlig kahlgeschoren. Sie erzählten mir, der italienische Lagerkommandant habe das aus Bosheit angeordnet. Ich schämte mich. Es ist schwierig, auf der Seite der

Menschen zu stehen, für die man sich schämt, und so versuchte ich, dieses Gefühl zu verdrängen.
Der Arzt kam und bat mich, für ihn zu dolmetschen.
»Wo sind Sie verwundet?«
»Schwester, kennen Sie England?«
»Bitte beantworten Sie die Frage des Arztes.«
»Wieso sind Sie eigentlich so groß, Schwester?« Der Arzt wurde langsam nervös.
»Please«, bat ich, »tun Sie mir den Gefallen. Sie bringen mich in Schwierigkeiten.«
Da begannen sie, ordentlich zu antworten und sich anständig zu benehmen. Am Nachmittag fragten sie mich, ob ich wirklich Miss Fiat sei, und was ich vom Krieg hielte.
Die deutschen Offiziere forderten, daß ihre Unteroffiziere und Soldaten das gleiche Essen erhalten sollten wie sie; sie würden sonst in den Hungerstreik treten. Die Italiener bestanden darauf, daß das gegen die Vorschrift sei. Schließlich gaben die Deutschen nach.
In Neapel verzögerte sich der Transport ins Lazarett, weil die Fürstin von Piemont an Bord kommen sollte, um die Verwundeten zu begrüßen. Sie kam, in Rotkreuzuniform, umgeben von anderen Krankenschwestern aus der Aristokratie, die Bonbons und Orangen an die verblüfften Männer verteilten. Ich stand am Ende des Krankensaals der englischen Offiziere und machte meine Verneigung. Jemand flüsterte der Fürstin ins Ohr, wer ich sei. Sie betrachtete mich einen Augenblick, dann sagte sie: »Wie groß Sie sind.«
Sie war sehr schüchtern. In ihrer Verwirrung brachte sie es fertig, sich auf deutsch an die Italiener, auf italienisch an die Engländer und auf englisch an die darüber höchst erstaunten Deutschen zu wenden.
An diesem Abend fragten wir uns, Tina und ich, was wohl mit unserem Land geschehen würde.

Die Post kam. Das war ein lang erwarteter Augenblick. Tina hielt alle Briefe in der Hand und verteilte sie. Ab und zu schaute sie zu mir, lächelte und steckte einen Brief unter den Stoß. Ich trat unruhig von einem Bein aufs andere. Als sie mit dem Postverteilen fertig war, blieb noch ein kleiner Packen Briefe in ihrer Hand zurück. »Die sind für dich, Löwenkind«, sagte sie, »aber du mußt lernen, mehr Geduld zu haben. Ich werde sie dir später geben.«
Ich seufzte. Ich hatte bereits, von einem Sonderkurier persönlich überbracht, ein großes weißes Kuvert mit dem Absender »Das Ministerium des Äußeren« erhalten. Galeazzo hoffte, daß es mir gutgehe, daß ich nicht zu traurig sei und daß das Leben auf dem Lazarettschiff sich nicht zu hart anlasse. Es war nett und aufmerksam, auch wenn seine Briefe meine Beliebtheit an Bord nicht erhöhten.
Endlich beschloß Tina, daß ich nun genug Geduld aufgebracht hätte; sie gab mir die Briefe, und ich stürzte mich auf die Berichte der Familie und der Freunde; Raimondos Brief hob ich bis zum Schluß auf. Er schrieb zärtlich, ohne etwas zu sagen, und tat so, als sei er vergnügt. Ich versuchte, nicht daran zu denken, was am Ende der zwei Monate passieren würde. Ich antwortete ihm nicht, wie es ausgemacht war. Zum Ausgleich dafür schrieb ich Hunderte von anderen Briefen und ein Tagebuch, das ich den übrigen Kranken-

schwestern vorlas. Ich schrieb an Galeazzo und erzählte ihm, wie schrecklich der Krieg sei, wenn man ihn so aus der Nähe sehe, und wie froh er sein könne, daß er noch so kleine Kinder habe.

Der Hafen von Neapel war voll von Kriegsschiffen, Matrosen, Soldaten. Wir lagen in der Nähe der anderen Lazarettschiffe, und die Rotkreuzschwestern tauschten Höflichkeitsbesuche aus. An Bord eines dieser Schiffe befand sich Edda Ciano-Mussolini. Sie hatte einen erbitterten Kampf gegen das Rote Kreuz geführt, das sich weigerte, sie als Krankenschwester einzusetzen, bevor sie nicht einen zweijährigen Ausbildungskurs absolviert habe. Ohne Diplom könne sie auf keinem Lazarettschiff Dienst tun. Wutentbrannt hatte sich Edda eine weiße Schwesterntracht angezogen, ohne das Abzeichen des Roten Kreuzes, das ihr nicht zustand, und hatte über ihren Vater erreicht, daß sie auf einem Lazarettschiff in einer eigenen Kabine außerhalb des Appartements der freiwilligen Helferinnen eingeschifft wurde. So kümmerte sich Edda um die Verwundeten, auch ohne Rotkreuzschwester zu sein, und alle waren es zufrieden: keiner hatte nachgegeben, jeder erreicht, was er wollte, und niemand dabei sein Gesicht verloren.

Wenn wir an Land gingen, durften wir das nach Vorschrift nur zu zweit tun, wir durften kein Café oder einen anderen öffentlichen Ort betreten und mußten uns praktisch wie Klosterfrauen benehmen. Tatsächlich wurde ich sofort gemeldet, als ich mit einem Offizier plaudernd auf der Straße ging, und erhielt auch gleich eine Rüge.

Unser Schiff lief wieder aus, diesmal in geheimer Mission: wir suchten das Mittelmeer nach den Überlebenden eines Schiffes ab, das torpediert worden war. Als wir sie nicht fanden, nahmen wir Kurs auf Afrika.

Auf hoher See machte der Wachtposten einen gelben Punkt auf unserer Route aus. Als das Schiff nahe genug herangekommen war, ließ man ein Beiboot hinunter. Wir drängten uns alle an der Reling und schauten zu. Drei junge Männer lagen übereinander auf einem Schlauchboot, wie es von den Flugzeugen als Rettungsboot verwendet wird. Das gelbe Boot hatte nicht mehr genügend Luft, so daß nur die Oberkörper der Jungen über der Wasserfläche lagen, während die Beine ins Meer hingen. Sie schienen restlos erschöpft, ihre weiße, empfindliche Haut war von der Sonne völlig verbrannt. Der Offizier, der sich ihnen mit dem Boot genähert hatte, signalisierte dem Kommandanten, daß es sich um Feinde handle. Zwei lebten, einer war tot; die Kameraden hielten ihn fest umklammert.

»Den Toten zurücklassen«, befahl der Kommandant, »die beiden anderen an Bord bringen.«

Ungläubig verharrte der Offizier ein paar Minuten lang regungslos und wartete, in der Hoffnung, sich verhört zu haben, auf eine Wiederholung des Befehls. In diesem Augenblick rannte der Schiffskaplan, der voll Schrecken voraussah, was geschehen würde, zum Kommandanten und begann zu schreien und zu drohen. Der Kommandant wiederholte den Befehl. Der tote Junge wurde ins Meer geworfen. Man sah, wie sein blonder Kopf, den der Rettungsring über Wasser hielt, von der Strömung fortgerissen wurde – unter den Augen seiner beiden Kameraden, die ihm versteinert nachschauten.

Über das Schiff legte sich Schweigen. Der Kaplan beugte sich über die Reling und spendete den Segen auf das Meer; die Tränen liefen ihm übers Gesicht. Er hat nie mehr das Wort an den Kommandanten gerichtet. Fast alle sind seinem Beispiel gefolgt.

Es war Hochsommer. Wir pendelten zwischen Afrika und Neapel. Ich hatte mit den anderen Krankenschwestern Freundschaft geschlossen, hatte einwandfrei bügeln gelernt, ministrierte dem bärtigen Kaplan, mit dem ich mich nach der Messe lange unterhielt. Es gelang mir, den Anblick eines jungen Gefangenen auszuhalten, der am Brustkorb verwundet war und dessen Herz wie ein eingeschlafener Spatz offen dalag und klopfte; oder den eines anderen, der seinen amputierten Stumpf betrachtete und seufzte: »Was wird meine Frau dazu sagen?« Meine Augen waren voll von Leiden und Schrecken.

Ich begegnete auch ein paar arroganten Faschisten, die den Krieg liebten und von Heldentum und Sieg sprachen; aber das waren ganz wenige.

Man fragte mich, ob ich einen Verlobten hätte.

»Ja.«

»Und wo ist er?«

»In Rom.«

»In Rom?« Alle waren verblüfft. »Sie haben einen Drückeberger zum Verlobten? Wer hätte das gedacht.«

Es wäre schwierig gewesen, eine Erklärung zu versuchen. Es war schon schwierig genug zu verstehen, was Raimondo wirklich im Sinn hatte. An was er eigentlich dachte, dieser Raimondo? Die zwei Monate an Bord des Schiffes, dessen Namen ich nicht nennen möchte, hatten mich sehr gereift. Eines Nachmittags in Neapel kam meine Mutter an Bord. Sie trug ein Hemdblusenkleid aus hellblauem Chiffon, und die Marineoffiziere waren von ihr entzückt. Sie hatte ein Schreiben des Roten Kreuzes bei sich, das meine unverzügliche Ausschiffung anordnete. Die Krankenschwester, die mich ersetzen sollte, war bereits da.

Ich protestierte, aber vergeblich. Wütend packte ich meine Koffer. Die anderen Schwestern standen um mich herum,

um mir Adieu zu sagen; sie fragten, ob sie mein Tagebuch abschreiben dürften. Ich ließ es ihnen zurück. Ich hatte meine Gruppe liebgewonnen, und auch den anderen tat es leid, daß ich wegging.
Tina legte mir die Hand aufs Haar, das tatsächlich wie eine Mähne aussah, und sagte: »Ciao, Löwenkind. Dieser Raimondo muß wirklich ein Dummkopf sein.«
Dann gingen wir, meine Mutter und ich, den Laufsteg hinunter, und man salutierte uns mit der Trillerpfeife.

Ich betrachtete das Spiel der Wellen an dem verlassenen Strand von Forte dei Marmi. Ich fühlte mich unnütz und allein. Daß zwischen mir und Raimondo alles zu Ende war, hatte ich begriffen, als ich der Fürstin von Trabia begegnete, wie sie die Stufen des Hotels Excelsior in Neapel herunterkam. Sie blieb stehen, betrachtete mich schweigend, wobei sie sich fast wie zu einer Verbeugung nach vorn neigte, während mich meine Mutter am Arm zum Auto zerrte und dem Chauffeur sagte, er solle unverzüglich zum Bahnhof fahren.
Galvano war in Afrika verwundet worden. Meine Mutter hatte mir erklärt, daß er im Militärlazarett von Neapel liege und sie mich nicht in einer Stadt wissen wolle, in der ich dauernd mit Raimondo zusammenträfe. Ich hatte ihr mit eigensinnigem Schweigen zugehört. Raimondo reiste überall mit seiner Freundin herum, und Mama war entschlossen, diese peinliche Situation zu beenden.
Ich hatte ihn in seinem Appartement im Grand Hotel aufgesucht. Die Wände waren mit Fotografien tapeziert: das Porträt eines Mädchens mit farblosen Augen in hundert verschiedenen Posen. Raimondo sagte mir, er sei noch in sie verliebt, würde sich aber bald von dieser »Attraktion« befreien. Er bat mich, noch zu warten. Dieses Mal sagte ich nein.
»Sei nicht dumm, Pussy«, erklärte er mir. »Warum zwei

Monate ja und vier Monate nein? Ist das nicht dasselbe? Du weißt doch, daß ich dich gernhab' und daß ich dich heiraten will. Du bist zu intelligent, um diese Dinge nicht zu begreifen, und du kannst nicht eifersüchtig sein auf etwas, was mit uns doch gar nichts zu tun hat.«
»Warum, zum Teufel, nennst du mich Pussy?« fragte ich ihn. Er antwortete, das sei ein hübscher Name. Ich war aufgestanden und ging im Zimmer umher. Auf einer der Fotografien stand: »Für Raimondo von seiner Pussy.«
»Nein, Raimondo. Wir sind nicht länger verlobt, ciao. Und im übrigen, ich bin eifersüchtig.«

Als sich seine Wunde geschlossen hatte, kam Galvano nach Forte in Genesungsurlaub. Raimondo besuchte ihn. Wir fuhren mit dem Rad durch den Pinienwald, und Raimondo benahm sich, als hätte sich nichts geändert.
»Wie herrlich, daß wir nicht mehr verlobt sind. Jetzt können wir heiraten, wann wir wollen.«
Ich machte mir nicht die Mühe zu antworten. Ich hatte ihn gern und war traurig. Ich wollte die Zukunft vergessen.
Gianni war von der russischen Front zurück und stand kurz vor dem Abmarsch nach Afrika. Er war ein Mann geworden, schön und zynisch. Vom Krieg redeten wir nie. Zu mir sagte er: »Wie kannst du behaupten, du seist verliebt? Nur Dienstmädchen verlieben sich. Nur Dienstmädchen, Galvano und du. Das ist etwas für drittklassige Zeitschriften.«
Clara war in der Schweiz. Meine Mutter sorgte sich. Sie verreiste ständig mit irgendwelchen unbequemen Zügen, um sich da oder dort Rat zu holen, wo sie nach dem Ende des Sommers das Leben ihrer Kinder organisieren könnte. Das Kriegsglück hatte sich gewendet. Die Städte wurden bombardiert. Von der Front kamen schlechte Nachrichten. Das Leben war schwieriger geworden.

Das Lazarettschiff«, meldete der Kriegsbericht und nannte den Namen des Schiffes, das ich vor kurzem verlassen hatte, »wurde im Zentralmittelmeer von feindlichen Torpedoflugzeugen angegriffen.« Das Schiff war zwar nicht gesunken, und alle waren gerettet worden, aber ich kam mir dennoch wie ein Feigling vor. Jetzt, da ich wußte, was um uns herum passierte, hielt ich es nicht länger aus, untätig in der Sonne zu liegen.
Das Schiff, auf dem Edda Ciano fuhr, war mitten in der Nacht torpediert und versenkt worden. Drei der Schwestern hatten dabei das Leben verloren. Edda wurde von einem Fischerboot aufgegriffen, als sie sich schwimmend von der Unglücksstelle entfernte. Ich fuhr nach Turin und bat darum, wieder eingeschifft zu werden. Dabei besuchte ich meinen Großvater. Er war herzlich und ernst.
»Wenn ich zwanzig wäre, würde ich mich in dich verlieben«, sagte er und legte mir die Hände auf die Schultern. »Aber ich will nicht, daß du mit diesen Lazarettschiffen herumfährst. Du mußt das verstehen: nicht weil es gefährlich ist, sondern weil mir die Vorstellung mißfällt, daß meine Enkelin im Nachthemd von unbekannten Männern aus dem Meer gefischt wird.«
Meine Kusine Berta stand kurz vor ihrer Heirat mit einem Industriellen, einem reichen Mailänder. Alle hielten diese

Heirat für großartig. Berta war glücklich. Wenn sie bei ihm sei, fühle sie sich beschützt und denke an nichts mehr.

Unsere Freunde waren überall verstreut. Lodovico war als in Rußland vermißt gemeldet. Emilio Pucci hatte es zum Helden der Luftwaffe gebracht, und zum allgemeinen Erstaunen wurde sein Name wiederholt im Kriegsbericht genannt. Dann gab es die Toten. Jedesmal bedeutete ihr Name einen unerwarteten Schlag. Brüder, Gatten, Söhne von Leuten, die man kannte und denen gegenüber man sich unfähig fühlte, die richtigen Worte zu finden. Jungen, mit denen ich am Strand gespielt hatte, die meine Schulkameraden gewesen waren, Freunde, mit denen ich am Abend ausging: verschwunden für immer, begraben an fernen Orten.

Der Sommer war zu Ende. Man setzte mich auf einem anderen Lazarettschiff ein. Wir fuhren nach Jugoslawien, Albanien, Griechenland, um die verwundeten, erschöpften und kranken Soldaten aufzusammeln; in ihren Augen gab es kein Licht mehr, keinerlei Zukunft.

Das Schiff wurde zu Reparaturarbeiten auf Dock gelegt, und mich kommandierte man ins Lazarett von Caserta ab, wo die verwundeten Gefangenen lagen. Es war ein riesiges Gebäude; die langen, hohen Korridore waren mit Betten überfüllt. Am frühen Morgen, als die Soldaten noch schliefen, betraten wir den Krankensaal. Ich rüttelte einen von ihnen leicht an der Schulter:

»Wake up«, sagte ich zu ihm, »wir richten dir dein Bett.« Er fuhr auf, sah mich mit fiebrigen Augen an und preßte meinen Arm. »Who are you?«, schrie er. »Wo bin ich, wer bist du? Oh Gott, ich habe geglaubt, ich bin zu Hause.«

Ich war verwundert über diese Reaktion. Den Rest des Vormittags verbrachte ich damit, neben meiner Arbeit mit den Soldaten zu reden. Ich traf ein paar, die auf meinem ersten Lazarettschiff nach Italien transportiert worden waren. Sie

erkannten mich wieder, und es war, als ob man alte Freunde träfe. Ein englischer Colonel leitete das Lazarett. Er war Chirurg; andere gefangene Ärzte halfen ihm.
Nach dem Mittagessen ließ mich die Oberschwester rufen: »Ich verbiete Ihnen hiermit offiziell, sich mit den Patienten zu unterhalten. Es handelt sich um Kriegsgefangene, und wir haben Befehl, darauf zu achten, daß die Schwestern nicht mit dem Feind fraternisieren.«
»Sie verbieten mir was?« rief ich ungläubig.
»Mit den Gefangenen zu reden«, antwortete sie.
»Hier bleibe ich nicht«, sagte ich, »ich gehe. Ich weigere mich, Kranke und Verwundete zu pflegen, mit denen ich nicht sprechen darf. Das ist ungeheuerlich. Wollen Sie damit sagen, daß alle, die als Krankenschwestern hier in Caserta sind, kein Wort mit diesen Jungen im Lazarettsaal reden? Ihr müßt verrückt geworden sein. Hier bleibe ich keinen Tag länger.«
»Sie vergessen, Schwester, daß Sie der italienischen Armee unterstellt sind«, zischte sie mich an. »Ihr Befehl lautet, hier zu bleiben. Sie werden nicht gehen.«
Ich ging doch. In einem überfüllten Zug fuhr ich die ganze Nacht durch, um nach Rom zu kommen; ohne Licht hinter blaugestrichenen Fenstern, im Gang stehend, eingezwängt zwischen verzweifelten und erschöpften Soldaten.
Ich wurde auf einem anderen Schiff eingesetzt.

Die Städte wurden bombardiert. Unser Haus in Turin wurde getroffen und brannte teilweise aus. Die Kleinen blieben in Forte dei Marmi. Miss Parker hatten die Behörden nach Perugia in ein ungeheiztes Kämmerchen verbannt. Galeazzo erwirkte mir die Erlaubnis, sie zu besuchen. Sie war allein und traurig, aber sie klagte nicht. Ein paar Monate später wurde sie mit anderen englischen Zivilisten in ihre Heimat abgeschoben.
Italien war voll von Evakuierten, die in den Städten des Nordens ausgebombt worden waren und nun Zuflucht auf dem Land oder in kleineren Städten suchten, die keine militärischen Angriffsziele boten und, so hoffte man, von den Angriffen der Alliierten verschont bleiben würden. Rom spielte, wie immer, eine bevorzugte Rolle, aber die Versorgung war knapp, und es regierte der Schwarzmarkt.
Ich reiste ständig zwischen Rom und den Lazarettschiffen hin und her. Man wußte nicht, was von einem Augenblick zum anderen geschehen könnte, und wir dachten uns kleine Verstecke aus, in denen wir, im Falle einer erzwungenen Trennung, eine Botschaft hinterlassen könnten. Raimondo brachte mich jedesmal, wenn ich abfuhr, zum Zug; er gab mir seinen Ring als Talisman und küßte mich heftig auf dem Bahnsteig, zur Bestürzung meiner Oberschwester, die der Ansicht war, das mache man nur im Kino.

Als im Hafen von Neapel die in unserer Nähe ankernden Schiffe bombardiert wurden, erfaßte mich eine bisher ungekannte Panik. Ich fühlte mich in der Falle. Wir saßen im Aufenthaltsraum in der Mitte des Schiffs; das Geräusch der auf Metall aufschlagenden Bomben war schlimmer als die Explosion und die Erschütterung, die darauf folgten. Gegen diese dumpfen, drohenden Detonationen konnte man nichts tun als dasitzen und warten.

Bereits damals kursierten beharrliche Gerüchte, daß unsere Lazarettschiffe Treibstoff nach Afrika transportierten. Das Schiff lag tiefer, wenn wir in Italien in See stachen, als wenn wir mit Verwundeten beladen zurückkehrten. Eine Schwester rief beim Generalsekretariat des Roten Kreuzes in Rom an und berichtete, daß ihr Schiff eben mit Treibstoff beladen werde. Man gebot ihr zu schweigen. So taten wir, als ob wir von nichts wüßten, und hofften auf unser Glück.

Eines Januarmorgens befanden wir uns bereits in Sichtweite von Tripolis, als eine gewaltige Explosion das Schiff erschütterte. Wir rannten auf Deck und legten die Rettungsringe an, während wir die zerbrochenen Fensterscheiben und die Risse in den Wänden wahrnahmen. Dabei wußten wir gar nicht, was eigentlich passiert war. Wir waren auf eine Mine aufgelaufen. Von Tripolis aus hatte man gesehen, wie das weiße Schiff einen Satz nach oben machte und dann mitten auf dem Meer liegenblieb. Es stand zu befürchten, daß die Stadt bald vom Vormarsch der Alliierten überrollt werden würde. Die Verwundeten im Lazarett erwarteten unser Schiff als die letzte Hoffnung, nach Italien zurückzukommen.

Wir wurden in den Hafen geschleppt. Das Durcheinander auf den mit Kisten verstellten Laderampen war unvorstellbar: ein chaotisches Kommen und Gehen von Soldaten und Lastwagen, ein Gedränge von Weißen und Schwarzen, von Zivilisten und Uniformierten, die alle durcheinanderschrien. Ich ging mitten in der Menge, als ich plötzlich eine Landsmännin auf mich zukommen sah und jemanden, der den Arm bewegte, um mir zuzuwinken. Es war mein Bruder Gianni. Sein Ellbogen war verbunden. Aus dem Revolver seines Burschen hatte sich aus Versehen ein Schuß gelöst und ihn am Arm gestreift. Ich war so überrascht, ihm hier zu begegnen, daß ich gar nicht reagieren konnte. Er kam an Bord. Man bot ihm an, auf dem Lazarettschiff nach Italien zurückzukehren, schließlich sei er verletzt. Gianni lachte und sagte nein. Man beurlaubte mich, damit ich einen Tag mit ihm beisammen sein konnte. Wir fuhren im Landrover zu den Ruinen von Sabrata, setzten uns auf die Trümmer, beide in Uniform, und aßen eine klebrige Dattel nach der andern. Von diesen zwei zwischen den Ruinen sitzenden Gestalten besitze ich heute noch ein Foto, das Giannis Bursche damals aufgenommen hat. Kurz darauf wurde mein Bruder nach Tunesien abgestellt. Ich fuhr einige Tage später auf dem beschädigten und fast leeren Schiff nach Italien zurück. Die Soldaten, die wir nicht aufnehmen konnten, schauten uns flehend an, die Augen voller Neid.

Die Krankenschwestern waren erschöpft und überreizt. Auf der Rückfahrt von Tripolis hatte ich die ganze Nacht damit zugebracht, eine arme Mitschwester zu beruhigen, die von einem Schiff kam, das torpediert und versenkt worden war. Das Meer war sehr bewegt, und die Arme ließ sich nicht von der Überzeugung abbringen, daß auch unser minenbeschädigtes Schiff plötzlich auseinanderbräche und wir ins Wasser geschleudert würden.
In Tripolis hatten wir die Nächte im Militärhospital verbracht, aber auch dort waren wir ständig Bombenangriffen ausgesetzt gewesen. Man schickte uns in einen lächerlichen Luftschutzraum, der in Wirklichkeit keinerlei Schutz bot; dort saßen wir im Lichtschein der Leuchtbomben und unter dem dumpfen Pfeifen, dem das Krachen der Explosionen folgte. Ich verließ den Luftschutzraum und betrachtete den Widerschein der Flammen auf dem Wüstensand. Alle sagten, ich sei verrückt, aber offengestanden, damals hätte es mir nichts ausgemacht zu sterben.
Als ich dieses Mal nach Hause zurückkehrte, sagte ich zu meiner Mutter, daß ich wohl etwas Ferien nötig hätte. Meine kleinen Brüder waren in der Schweiz, und Mama schlug mir vor, zu ihnen nach St. Moritz zu fahren. Mir erschien das in diesem Moment kaum vorstellbar, aber sicher war es das, was ich brauchte. Um Devisen für die Ausreise

zu erhalten, war eine besondere Genehmigung nötig. Mama vermittelte mir ein Gespräch mit dem zuständigen Minister. An einem Nachmittag trat ich in sein Büro; es war ein kleines Büro, und der Minister war ein kleiner Mann mit intelligenten und müden Augen. Ich bat um eine Zuweisung von Schweizer Franken, um für drei Wochen in Skiurlaub gehen zu können. Er sah mich überrascht und leicht amüsiert an.
»Warum«, fragte er.
Ich antwortete, ich sei freiwillige Rotkreuzschwester, arbeite auf Lazarettschiffen, und mein letztes Schiff sei auf eine Mine aufgelaufen.
Er unterbrach mich. »Wie alt sind Sie?«
»Zwanzig.«
Er lächelte, dann wurde er wieder ernst. »In Ordnung«, sagte er, »Sie bekommen die Devisen. Schöne Ferien!«
So fuhr ich nach St. Moritz, wo ich mit Giorgio und Umberto ein Appartement neben dem Palace Hotel bewohnte. Umberto war damals sechs oder sieben Jahre alt; er wachte morgens sehr früh auf, zog sich an und stapfte durch den Schnee bis zur Bäckerei am oberen Ende der Straße, um eine frisch aus dem Ofen kommende Brioche zum Frühstück zu holen. Die Köstlichkeit dieser Frühstücke mit Nescafé und Sahne, frischen Brötchen mit Butter und Marmelade läßt sich nicht beschreiben. Wenn einer immer genug zu essen hat, vergißt er völlig, wie gut die einfachen Dinge schmecken.
Um zehn Uhr traf ich mich mit Topazia Caetani, die mit ihrer Mutter in St. Moritz war, zum Skifahren. Wir wurden Freundinnen. Damals wurde Topazias Einstellung zur Menschheit von der Überzeugung bestimmt, daß einer, der als Prinz geboren war, instinktiv die rechten Dinge tue; ein Bürgerlicher konnte zwar zu dem gleichen Ziel gelangen,

doch nur durch große Intelligenz und äußerste Anstrengung. Ihre Mutter konnte mich nicht ausstehen, sei es, weil ich nicht von Adel war, sei es, weil sie meiner Mutter gegenüber einen merkwürdigen Neid hegte. Wenn sie mit dick eingecremtem Gesicht in Topazias Zimmer kam und mich auf dem Bett sitzen sah, schrie sie: »Hier riecht es schlecht.«

Topazia öffnete das Fenster. »Es riecht noch immer schlecht«, kreischte sie, wenn sie nach zwei Minuten zurückkehrte.

»Schon gut, Topazia, ich habe verstanden. Ich gehe. Also bis heut abend!« und ich verließ lachend das Zimmer, während mir Topazia durch verzweifelte Zeichen zu verstehen gab, daß ihre Mutter ins Irrenhaus gehöre.

Plaudernd fuhren Topazia und ich im Zweier-Sessellift hoch. Dann ging es die Piste hinunter, und bei der nächsten Liftfahrt nahmen wir unsere Unterhaltung wieder an dem Punkt auf, an dem wir sie unterbrochen hatten.

»Von wem möchtest du, daß er sich in dich verliebt?« fragte sie mich, während wir den steilen Hang hinaufgezogen wurden.

»Von einem Jungen, den ich in Rom kennengelernt habe. Du hast ihn nie gesehen. Ich möchte, daß er ganz stark in mich verliebt wäre und ich überhaupt nicht in ihn.«

»Aber warum denn das?«

»Ich stelle mir das lustig vor, mal was anderes.« Dann fuhren wir ab.

»Möchtest du Tana d'Alba sein?« fragte ich bei der nächsten Liftfahrt. Tana war mit uns im Hotel, ein ganz junges, verwöhntes Mädchen mit stark geschminktem Gesicht.

»Ich wäre lieber Babù Boncompagni. Die ist vollkommen. Die hat alles.«

Babù war Topazias beste Freundin, und ich war etwas eifersüchtig auf sie. Dann fuhren wir beide im Schuß den Hang hinab.

Am Abend gingen alle zum Tanzen, und ich kehrte in unser Appartement zurück, um mit meinen Brüdern zu spielen, um zu lesen, um über meine Zukunft nachzudenken.

Ich dachte daran, wie dumm es von mir gewesen war, mit der Schule aufzuhören. Ich würde gerne Ärztin werden; überhaupt begriff ich, daß ich irgend etwas tun müsse, damit mein Leben ganz allein von mir abhinge und nicht zwangsläufig von einem anderen Menschen zum Paradies oder zur Hölle gemacht würde. Ich starrte zur Decke und sah mich im weißen Kittel in einen Krankensaal treten, in dem die Patienten mich baten, bei ihnen zu bleiben.

Den Kopf voller Ideen, verließ ich St. Moritz, den Schnee, die kleinen Schokoladetäfelchen, die schäumenden Seifenstückchen, den Frieden; erfüllt von der Überzeugung, daß von nun an in meinem Leben alles anders würde.

Damals bestimmte ein Gesetz in Italien, daß, wer nicht alle Schulklassen ordnungsgemäß besucht oder jedes Jahr privat die Prüfungen für die nächste Klasse abgelegt hatte, erst nach Vollendung seines dreiundzwanzigsten Lebensjahres zur Reifeprüfung zugelassen werden konnte. Ich wurde im April einundzwanzig, und die Vorstellung, noch zwei Jahre länger warten zu müssen, erschien mir unerträglich.
So begann ich meine Mutter zu bearbeiten. Ich mußte einen Weg finden, schon in diesem Jahr das Abitur zu machen. Mama war immer ein Engel, ganz besonders jedoch dann, wenn es darum ging, mich von Raimondo fernzuhalten; daher nahm sie die Sache sofort in Angriff.
Galeazzo war in Ungnade gefallen. Er war nicht mehr Außenminister, sondern Botschafter beim Heiligen Stuhl. Ich besuchte ihn in seinem Palazzo an der Via Flaminia. Er war besorgt und nervös; er schmiedete Komplotte, wie es im übrigen alle taten. Ich erklärte ihm mein Vorhaben, und er hörte mir interessiert zu.
»Wie viele Schuljahre mußt du nachholen?« fragte er mich leicht skeptisch.
»Vier oder fünf«, antwortete ich etwas verlegen.
»Und da willst du in drei Monaten das Abitur schaffen?«
»Ja.«

»Alle Achtung! Mal sehen, was sich tun läßt.«
Irgend jemand (ich weiß nicht mehr wer) hatte den Einfall, daß drei amtierende Minister ein Gesetz vorschlagen sollten, nach dem Schüler, die länger als drei Monate an der Front gewesen waren, schon mit einundzwanzig die Reifeprüfung ablegen konnten.
Ich ging mit meiner Mutter zum Erziehungsminister. Er lachte und versprach, diesen Gesetzesvorschlag einzubringen. Er empfahl uns auch die besten Professoren für Latein, Griechisch und andere Fächer, die fähig wären, mich in einer Rekordzeit auf die Prüfungen vorzubereiten.
Vittorio Cini, der meine Mutter gut kannte und mit dessen Töchtern ich befreundet war, bekleidete das Amt des Industrieministers. Ich hatte eine kurze Unterredung mit ihm im Excelsior, während er gerade von einer Versammlung zur nächsten hastete. Ich legte ihm meinen Fall dar. Er versprach, mir zu helfen.
Meine Mutter fand noch einen dritten Minister, der bereit war, den Vorschlag zu unterstützen, und das Gesetz trat in Kraft.
Ich kaufte mir ein Fahrrad und einen richtigen Schulranzen, wie ihn die Schweizer Schulkinder auf dem Rücken tragen. Alle meine Lehrer wohnten genau auf der entgegengesetzten Seite von Rom, und vom Gianicolo bis zum Tiburtino ist es sehr weit.
In den Pausen zwischen den einzelnen Lektionen setzte ich mich in die Parks und lutschte Vitaminbonbons, die ich aus St. Moritz mitgebracht hatte. Aufmerksam lauschte ich kleinen spitzbärtigen Professoren in halbdunklen Zimmern oder vollbusigen Damen in modernen Wohnungen mit Fliesenböden. Sie lehrten mich all das, was ich in diesen langen verschwendeten Jahren hätte lernen sollen. Alle hielten mich für ein bißchen verrückt und glaubten nicht daran,

daß ich durchkäme, aber sie waren sich auch alle darüber einig, daß man es zumindest versuchen sollte.

Auf dem Heimweg schob ich das Fahrrad den letzten steilen Hang hoch, den Kopf voll mit Helden aus griechischen Tragödien, mit lateinischen Versen, philosophischen Theorien, physikalischen Gesetzen und chemischen Formeln. Ich ging in mein Zimmer hinauf und lernte viele Stunden lang hinter den Fenstern, die auf Rom hinabblickten. Die Stadt zu meinen Füßen hatte eine neue Dimension gewonnen. Ich sah nicht mehr nur die von der untergehenden Sonne vergoldeten Fenster, die flammenden Kuppeln und die Arkaden des Palazzo Farnese, sondern ich sah auch eine Stadt voller Häuser, Wohnungen und Straßen, in denen Menschen lebten, die arbeiteten und die ihren Verstand dazu verwendeten, anderen ihre Gedanken mitzuteilen.

Ich entdeckte zu meiner großen Überraschung, daß mir jetzt alle die Bücher und Fächer gefielen, die ich während meiner Schulzeit verabscheut hatte.

Manchmal saß Maria Sole bei mir. Auch sie bereitete sich aufs Abitur vor, nachdem sie jedes Jahr die Prüfung für die nächsthöhere Klasse abgelegt hatte.

»Wer weiß, was aus Youssouf geworden ist?« fragte ich.

»Wie kommst du auf Youssouf? Er wird nach Albanien zurückgegangen sein.«

»Schon, aber ich frage mich, ob er lebt oder tot ist. Ohne ihn säße ich jetzt nicht hier, um zu lernen.«

»Ich weiß nicht, wovon du redest«, sagte Maria Sole, »aber wenn du mich weiter unterbrichst, kann ich mich nicht konzentrieren.«

Eines Abends saß ich unten im Salon, als ein unbekannter Junge in der Tür erschien. Er hatte ganz grüne, seltsam runde Augen und war so korrekt und förmlich gekleidet, wie ich es seit langem nicht mehr gesehen hatte.

»Und das unter der Lampe ist Suni«, waren die ersten Worte, die ich von ihm hörte. Er kam von der russischen Front, und Gianni hatte ihm gesagt, er solle sich doch bei uns melden, wenn er wieder in Italien sei. Ich erinnerte mich nun, daß Gianni uns in einem Brief aus Rußland von diesem jungen Mann namens Urbano Rattazzi erzählt hatte. Er schrieb damals, er habe den idealen Mann für Maria Sole gefunden. Urbano war anders als alle Jungen, die ich bis dahin kennengelernt hatte. Er war wohlerzogen, intelligent, fleißig. Er lebte mit seinen Eltern in einer Villa an der ligurischen Riviera und sprach über alles mit präzisen, unerwartet gewählten Worten. Er blieb ein paar Tage lang in Rom, half mir bei den Griechisch-Aufgaben, die er aus dem Handgelenk übersetzte, und begleitete mich auf dem Fahrrad zum Unterricht, wobei er Handschuhe und einen dunklen Hut trug wie ein englischer Businessman. Er war Kavallerieoffizier, sprach fließend Deutsch, verabscheute die Faschisten und erklärte mir des langen und breiten, daß der Faschismus Italien zum Ruin geführt habe.

Es war das erste Mal, daß ich von den Faschisten als von Leuten reden hörte, die sich von den übrigen Italienern unterschieden. Umberto stammte aus einer Politikerfamilie. Meine Freunde lachten und zogen mich auf. »Du kannst doch nicht mit jemandem herumlaufen, der wie eine Straße heißt*. Außerdem geht er wie ein Kavallerieoffizier und spricht so seriös, daß du ihn unmöglich ernstnehmen kannst.«

Auch ich mokierte mich über Urbano, weil er sich wie ein reifer, gesetzter Mann benahm.

»Hast du dich eigentlich noch nie verliebt?«

---

* Urbano Rattazzi (1808–1873), italienischer Staatsmann, nach dem in vielen Städten eine Straße benannt ist

»Einmal«, antwortete er ernst, »in eine Madonna der Dresdner Gemäldegalerie.«
Ich war verwirrt. Er fuhr in seine Villa am Meer zurück und schrieb mir Briefe, in denen er mir sagte, daß ich wie Artemis schritte und daß ich keine Freunde wie Galeazzo haben sollte. Ich hatte keine Zeit, ihm zu antworten. Ich lernte und lernte und schwor mir, daß ich nach dem Examen alle Bücher lesen würde, die es auf der Welt gab.
Meine Mutter brachte uns einen Helden nach Hause. Er war Marineoffizier und hatte unter außergewöhnlichen Umständen ein englisches Schiff versenkt. Er war groß, hatte einen hellblonden Bürstenkopf und kühle blaue Augen. Nie hätte man ihn für einen Italiener gehalten. Als man ihm die goldene Tapferkeitsmedaille verlieh, lehnte er es ab, sich von Mussolini dekorieren zu lassen. Er wartete darauf, daß ihm der König den Orden an die Brust heftete.
Dieser Mann entsprach meinem Ideal: ein zurückhaltender Held. Ich verknallte mich in ihn und wurde rot, wenn er in mein Zimmer kam, um sich nach meinen Studien zu erkundigen.
Er sprach verschwommen von einem Komplott, das die Marine zum Sturz des Regimes schmiede. Alle schmiedeten Komplotte. Es war der Nationalsport geworden.

Ich hatte den Kontakt zu Raimondo nicht ganz abgebrochen. Er tauchte mitten in der Nacht auf, rannte die drei Stockwerke hoch, blieb keuchend am Fußende meines Bettes stehen und sagte: »Uff, wann wird sich deine Mutter endlich entschließen, in diesem Haus einen Aufzug einrichten zu lassen?« Dann streckte er sich auf meiner Bettdecke aus und redete.

Auch er schmiedete Komplotte. Er hatte sich jetzt einem General angeschlossen, der große Mode in der Stadt geworden war: der Typ eines Abenteurergenerals, ein schöner Mann und ein klassischer Italiener. Er machte den Damen den Hof, ließ keinen Zweifel daran, daß seine Panzer Rom vor jedweder Invasion beschützen würden, und stand immer vom Mittagstisch auf, bevor das Essen zu Ende war, um seine Truppen in den Castelli zu inspizieren. Vermutlich konnte diese Inspektion zu jeder Tageszeit stattfinden, aber bei General Carboni vermischte sich der Sinn für Disziplin und militärische Ordnung mit der Freude am Mondänen, und ich bin sicher, daß er sich selbst wie ein moderner Rhett Butler vorkam.

Raimondo sprach von seinem General mit äußerster Objektivität. Er lachte über die snobistischen Schwächen, hatte aber gleichzeitig Vertrauen in seine Feldherrnqualitäten. Sowohl Raimondo als auch Galvano beteiligten sich an Zu-

sammenkünften mit den Alliierten und den Versuchen, einen Waffenstillstand auszuhandeln, der den Sturz des Faschismus und einen Bruch mit den Deutschen mit sich brächte. Da alle diese Verhandlungen streng geheim bleiben mußten, sprachen wir nur flüchtig darüber.
Raimondo erzählte mir von seiner Freundin. Wie niederträchtig sie sei, und wie sehr sie ihn quäle. Zuerst bäte sie ihn, zu ihr zu kommen, um sich dann zu weigern, ihn zu empfangen, oder gar, um sich mit einem anderen Mann im Bett antreffen zu lassen. Seine Berichte endeten immer damit, daß er mir sagte, wie sehr er sich danach sehne, geheilt zu werden und mich zu heiraten. Ich hörte ihm zu. Ich fragte mich, ob ihm je der Gedanke käme, daß auch ich leiden könnte.
Manchmal, wenn ich mit dem Fahrrad die Stadt durchquerte, besuchte ich ihn im Grand Hotel. Er lebte dort mit einer Art Ungeheuer, das ihm als Butler diente: ein Zwerg mit großem, langgezogenem Kopf, der sich unaufhörlich seiner amourösen Abenteuer rühmte.
Außerdem hatte sich Raimondo mit einem Medium angefreundet, das mit Exaktheit vorhersagen konnte, was am nächsten Tag im Kriegsbericht stehen werde, das Kerzen durch bloßes Hinschauen anzündete und das die Briefe in den Taschen der anderen las. Sein Zimmer war immer voll von Menschen und befand sich in einem Zustand absoluter Unordnung.
Eines Nachmittags bat mich der Portier zu warten. Er telefonierte über die Zentrale in Raimondos Zimmer und sagte dann, der Prinz sei ausgegangen. Ich wollte meine Bücher und den Schulranzen in seinem Zimmer abstellen und später wiederkommen. Die Tür war von innen verschlossen, und plötzlich wurde mir alles klar. Ich schleuderte die Schultasche mit Wucht gegen die Tür und lief weg. Von

einem öffentlichen Telefon rief ich Raimondo auf seiner Privatleitung an.
»Nini«, sagte er, »ich bitte dich; diese arme Frau ist fast gestorben vor Angst.«
»Aber warum sagst du, ich soll dich besuchen, wenn du weißt, daß du mit einer anderen im Bett bist?«
»Also wirklich, Nini, wie konnte ich denn wissen, daß ich mit dieser Frau im Bett sein würde? Sei doch vernünftig. Komm und hol deine Schultasche und sei nicht eifersüchtig; das paßt nicht zu dir.«
Ich ging, um meine Bücher zu holen, und er erzählte mir, daß die Frau geweint und gezittert habe vor Angst, während sie sich anzog. Zum Schluß lachten wir beide, wie immer. Manchmal gingen wir auch zusammen zum Essen, aber ich hatte zuviel zu lernen, um mir den Luxus erlauben zu können, stundenlang auf Raimondo zu warten. Er hatte ein Taxi gemietet als Ersatz für sein Auto und tauchte, wie gewohnt, zu den unmöglichsten Zeiten bei uns zu Hause und in meinem Zimmer auf.
Maria Sole redete nie viel, aber eines Abends, als Raimondo gerade weggegangen war und sie bemerkte, daß ich Tränen in den Augen hatte, blickte sie von ihrem Buch auf und sagte: »Ich verstehe nicht, warum du immer noch mit ihm verkehrst«, dann las sie weiter.

Mit dem Fahrrad fuhren Maria Sole und ich zu unserer Reifeprüfung. Es war in den ersten Junitagen. Das Aufsatzthema, das uns gestellt wurde, lief auf die Schlußfolgerung hinaus, daß der italienische Soldat heute nicht mehr geschlagen werden könne, weil »hinter dem Heer die Nation steht«. Der Mann im Erziehungsministerium, der die Themen bestimmte, schien Sinn für Humor zu haben. Drei Tage für die schriftlichen Prüfungen: Italienisch, Latein und Griechisch; dann das Mündliche in zwei Abschnitten, mit einer Woche Pause. Die ersten mündlichen Prüfungen hatte ich in den naturwissenschaftlichen Fächern, und das Ergebnis war so katastrophal, daß ich schluchzend nach Hause kam.
Meine Mutter nahm die Sache in die Hand.
»Du bist erschöpft«, sagte sie, »und hier würde sich dein Zustand nur verschlimmern. Setz dich in den Zug und fahr nach Forte dei Marmi; bleib eine Woche dort, schlaf dich aus, schwimme, erhol dich, lerne und komm dann zur nächsten Prüfung zurück.«
Ich nahm meinen Repetitor mit. Es war ein junger Jude, der wegen der Rassengesetze keine Anstellung an einer Schule bekam. Er hatte mir bereits bei den Hausaufgaben geholfen. Er war außergewöhnlich intelligent und konnte sämtliche Fächer unterrichten. Ihm war es gelungen, mir sogar die Ma-

thematik schmackhaft zu machen, die seit jeher mein schwächster Punkt gewesen war. Er tröstete mich, wenn ich niedergedrückt war, und sah mich dabei mit seinen gelblichen, traurigen Hundeaugen an. Wir saßen zusammen unter den Pinien, die offenen Bücher auf den Knien. Das letzte Fach, Kunstgeschichte, repetierten wir auf der Heimfahrt im Zug.
Als ich mich der zweiten Prüfungskommission stellte, war ich braungebrannt, erholt und fröhlich. Die mündlichen Prüfungen sind öffentlich, und während ich den Prüfungstisch glückstrahlend verließ, entdeckte ich einen Offizier, der am Vortag mit uns im Abteil gefahren war.
»Ich fand das so amüsant, wie Sie sich gestern im Zug auf ein Examen vorbereiteten, daß ich der Versuchung nicht widerstehen konnte, mich selbst vom Erfolg zu überzeugen. Ich sehe, Sie sind zufrieden. Ich freue mich für Sie.«
Er ging lächelnd fort, und ich habe ihn nie mehr wiedergesehen, noch je erfahren, wer er war.
Die Prüfungsergebnisse kamen heraus. Ich hatte bestanden, Maria Sole ebenfalls. Aber ihr schien es nicht viel zu bedeuten. Ich dagegen war so glücklich, daß ich durch die Straßen lief und alle Menschen wunderschön fand. Ich entdeckte strahlende Augen, lächelnde Lippen, makellose Teints; ich entdeckte Rom im Sonnenlicht und die Freude, nichts mehr tun zu müssen. Jetzt würde ich anfangen zu lesen, jetzt würde ich Medizin studieren, jetzt würde mein Leben einen Sinn bekommen.
Der einzige Schatten war, daß ich mich schämte, diese Seligkeit vor meinem jüdischen Repetitor zu zeigen.

Gianni war zusammen mit den Offizieren seines Regiments aus Tunesien zurückgekehrt. Während des Flugs waren sie beschossen worden, der Hauptmann war tot, andere verwundet. Gianni blieb unverletzt, er kehrte nach Turin zurück, um im Fiat-Werk zu arbeiten. Er kam mitten in der Nacht an, völlig unerwartet, und gab sich wie immer sehr unbeteiligt. Wir drängten uns alle in Mamas Schlafzimmer: Gianni in Uniform und wir anderen im Nachthemd um ihn herum. Die Zimmermädchen hatten geweint.

Mein Marineheld war endlich vom König dekoriert worden. Er trug die Goldmedaille unter dem Jackenaufschlag verborgen, damit nicht alle vor ihm Haltung annähmen, denn einem Helden mußte salutiert werden. Ich fragte ihn, wie man sich fühle, wenn man auf einer Tribüne mit großem Trara ausgezeichnet werde. Er antwortete, daß er sich nur an heftige Bauchschmerzen erinnere.

Zu uns kamen plötzlich Leute, die ich vorher nie gesehen hatte: Marineoffiziere, Diplomaten, alte Politiker. Alle sprachen davon, daß etwas geschehen müsse, um die Dinge zu ändern, aber jeder hatte einen eigenen Plan und andere Ideen, und alle hatten geschworen, ihr Projekt geheimzuhalten.

Mama beschloß, meine Geschwister in die Schweiz zu

schicken, wo sie weiter die Schule besuchen konnten. Clara war bereits mit ihrer Tochter dort, während sich Tassilo in Italien aufhielt. Zurück blieben Mama, Lotti und ich, um die Ereignisse abzuwarten.
Auf Sizilien waren die Alliierten gelandet, die Bombardements wurden heftiger. Endlich erfuhr ich, was sich hinter all diesen Verschwörungen verbarg. Mussolini wurde vom Faschistischen Großrat abgesetzt und dann verhaftet. Badoglio trat an seine Stelle. Galeazzo hatte gegen seinen Schwiegervater gestimmt.
Die Leute glaubten, es genüge, sich von Mussolini zu lösen, um den Krieg zu beenden. Aber sie vergaßen dabei zwei Dinge: daß diejenigen, die gegen Mussolini stimmten, Faschisten waren und daß die Deutschen, unsere Verbündeten, innerhalb weniger Tage ganz Italien besetzen konnten.

Der Krieg geht weiter!« Diese wenigen Worte, die Badoglio im Radio verkündete, nachdem er vom König zu Mussolinis Nachfolger bestimmt worden war, hatten das Land in Verzweiflung gestürzt.

Ich tat Dienst im Luftwaffenbau des Ospedale Littorio. Die verwundeten Soldaten und Offiziere wußten nicht, was sie hoffen sollten, noch was sie erwarten konnten. Alle hatten Angst, Faschisten genannt zu werden in einem Land, in dem man automatisch Faschist sein mußte, um eine Schule oder Universität besuchen zu können, Krankenschwester zu werden, eine Arbeit zu bekommen, zum Offizier oder Professor ernannt zu werden. Die Antifaschisten waren außer Landes, im Gefängnis oder in der Verbannung.
Im Lazarettsaal zog ein Soldat einen Ausweis der Kommunistischen Partei heraus und fing an, allen Befehle zu erteilen. Er machte sich damit nicht sehr beliebt. Zum ersten Mal tauchte Raimondo in Uniform auf. Er war zum Ordonanzoffizier des Generals Carboni ernannt worden. Er hatte ein Auto zur Verfügung und fuhr den ganzen Tag damit herum, um die Kampfwagen der Panzerdivision zu inspizieren, die dem Befehl des Generals Carboni unterstand und die Aufgabe hatte, Rom zu verteidigen.
Raimondo war müde und besorgt. Er sagte, die Panzerdivi-

sion befinde sich in perfektem Zustand, die Moral der Truppe sei ausgezeichnet und sein General ein guter, mutiger Feldherr, bei Offizieren wie Mannschaft gleichermaßen beliebt. Dann fügte er hinzu, daß natürlich niemand ganz genau wisse, was passieren würde. General Carboni sei jedoch sicher, daß Rom glänzend verteidigt werde.
Jeden Tag erschienen neue deutsche Soldaten in der Stadt und auf den Ausfallstraßen nach Süden. Es war offensichtlich, daß sie nach Sizilien marschierten, um die Insel gegen die Invasion der Alliierten zu verteidigen.
Ich sah meinen Helden wieder; er stach mit seinem Zerstörer in See. Das Blau seiner Augen war wie das Blau der Ordensbänder auf der blauen Uniform. Er war ruhig und schön. Ich hätte gewünscht, daß er mich liebte. Er gab mir ein Gefühl von Stärke und Sicherheit. Ich wußte, er würde das Richtige tun. Und jetzt ging er fort.
Die Verkehrs- und Nachrichtenverbindungen in der Stadt waren so schwierig geworden, daß der größte Teil der Ärzte im Krankenhaus schlief. Ich machte Nachtdienst. Es war ein heißer und schwüler Sommer. Am Abend saßen wir beisammen und plauderten, ohne zu wissen, was uns der nächste Tag bringen würde. Die Ärzte schliefen bei weit geöffneten Fenstern, um die Nachtluft hereinzulassen. Wenn die Morgendämmerung den Himmel erhellte, ließ ich die Jalousien herunter, machte die Betten der Verwundeten und ging nach Hause.
Zusammen mit Raimondo besuchte ich Galeazzo. Er stand in seiner Wohnung praktisch unter Arrest. Edda empfing ihre Freunde in einem Zimmer, Galeazzo die seinen in einem anderen. Es war eine peinliche und schwierige Situation. Galeazzo war nervös, freute sich jedoch, uns zu sehen. Lachend (oder besser grinsend) spielte er auf all die Freunde an, von denen er nichts mehr gesehen oder gehört hatte, seitdem er in Ungnade gefallen war.

»Hör mal, Suni, du sagst doch die Wahrheit«, forderte er mich heraus, »glaubst du, daß sie mich umbringen?«
Ich lächelte, damit sich meine Worte weniger schrecklich anhörten. »Ich glaube schon, Galeazzo.«
»Und wer, glaubst du, wird mich umbringen lassen, die Deutschen oder die Alliierten?«
»Ich fürchte, die einen wie die anderen«, antwortete ich ihm aufrichtig und bereute es noch im selben Moment, als ich sah, wie blaß er wurde.
»Merk dir eines, Suni«, sagte er, »wenn sie mich umbringen, dann bringen sie dich auch um.«
»Das kann gut sein.«
Ich nahm seine Hand und riet ihm wegzufahren, nach Spanien zu fliehen. Wir wußten, daß seine Kameraden von der Luftwaffe eine Maschine bereithielten, um ihn in Sicherheit zu bringen; zu diesem Zeitpunkt hätte er noch verhältnismäßig leicht den Flugplatz per Auto erreichen können. Aber er wollte nicht fliehen; er war überzeugt, daß sich auf die eine oder andere Weise das Blatt zu seinen Gunsten wenden würde.
Zum Abschied umarmte ich ihn.
»Aber warum«, sagte ich zu Raimondo, als er mich nach Hause brachte, »warum, zum Teufel, haut er nicht ab, jetzt, wo es noch Zeit ist?«
Galeazzo hatte sehr wenig Sinn für Realität und keinerlei Menschenkenntnis. Ich hätte ihm so gerne geholfen. Unzählige Male hatte er Leuten geholfen, für die ich mich einsetzte, als ein Wort von ihm einen Menschen noch vor dem Tod bewahren konnte. Aber er war nach wie vor von Leuten umgeben, die ihm schmeichelten. Sie versicherten ihm, er werde von allen geliebt und sein Leben sei nicht gefährdet. Schweigend fuhr mich Raimondo nach Hause, und ich kehrte ins Krankenhaus zurück.

Mama kam mit ins Krankenhaus, um uns zu helfen. Ich entdeckte, daß sie, anstatt die Patientenbetten zu richten, die der Pfleger noch einmal machte, und zog sie damit auf. »Warum nicht«, lächelte sie, »die armen Kerle.« Sie sprach mit den Soldaten und ihren Angehörigen und identifizierte sich so mit deren Problemen, daß ich sie schließlich bat, nicht mehr zu kommen. Statt dessen setzte ich mich, sobald ich nach Hause kam, auf ihr Bett und erzählte ihr alles, was in der Nacht vorgefallen war.
Ich hatte Freunde bei der Luftwaffe, die mich anflehten, ihnen ein ärztliches Zeugnis für einen Erholungsurlaub zu verschaffen: wozu könne es gut sein, jetzt noch zu sterben? Manchmal gelang es mir tatsächlich, das Zeugnis zu bekommen.
Aber der Krieg ging weiter. Der Kriegsbericht meldete, ein Feldwebel Baldetti habe drei Flugzeuge der Alliierten über Neapel abgeschossen, bevor er sich mit dem Fallschirm aus seiner brennenden Maschine stürzte.
Spät in der Nacht öffnete sich die Tür des Lazaretts, und eine Gruppe von Offizieren und Soldaten der Luftwaffe kam herein, in ihrer Mitte ein hübscher blonder Junge im Bordanzug. Die anderen halfen ihm, den Fallschirm zu tragen, und schienen sehr um ihn bemüht.
»Das ist Baldetti«, sagten sie, »der Pilot, der heute früh im

Kriegsbericht erwähnt wurde. Er steht unter Schock. Versorgen Sie ihn.«

Die Nachricht verbreitete sich schnell in den Krankensälen, und alle, die gehen konnten, kamen heraus, um den schüchtern und erschöpft lächelnden Jungen zu feiern.

Wir gaben ihm ein Bett. Er hatte Hunger, die Küche war aber schon geschlossen; da kramten alle Verwundeten, die sich ein Ei oder einen Keks aufgespart hatten, ihre Vorräte für ihn hervor. Baldetti war sehr nervös. Man gab ihm eine Beruhigungsspritze, damit er einschlafe. Er bat mich, seine Hand zu halten; ich setzte mich an sein Bett und nahm seine Hand zwischen die meinen. Er schlief nicht, ab und zu schlummerte er ein wenig ein, dann öffnete er wieder die Augen und sah mich mit einem Lächeln aufmerksam an.

Als ich wegging, sagte er: »Sie kommen heute abend wieder, nicht wahr? Versprechen Sie es?«

Am nächsten Tag wurde er von den Deutschen dekoriert und auch für eine italienische Auszeichnung vorgeschlagen. Am übernächsten Tag sollte er nach Hause in Urlaub entlassen werden. Er bat mich, ihm am Bahnhof auf Wiedersehen zu sagen; sein Zug fuhr um sechs Uhr abends.

An diesem Tag rief mich Raimondo frühmorgens zu Hause an; seine Stimme war aufgeregt.

»Geh heute nachmittag nicht aus dem Haus«, sagte er.

»Warum nicht?«

»Das kann ich dir jetzt nicht erklären, aber ich verbiete dir, das Haus zu verlassen.«

»Ich geh' aber doch weg. Ich muß zum Bahnhof.«

»Du gehst nicht weg. Ich verbiete es dir, hast du verstanden? Ich muß jetzt fort. Aber es ist wichtig; du darfst nicht aus dem Haus.«

»Ciao«, sagte ich. Es war der achte September.

Baldetti erwartete mich vor einem Café. Er trug die graublaue Luftwaffenuniform mit dem Band des deutschen Ritterkreuzes um den Hals; ein Fliegersoldat, der drei Schritte hinter ihm stand, trug seine Fotoapparate.
Baldetti war das Abbild eines perfekten Unteroffiziers: sauber, jung, dekoriert.
Wir hatten uns nicht viel zu sagen, und ich hatte eine Heidenangst, einer der Inspekteurinnen des Roten Kreuzes zu begegnen. Es war streng verboten, sich außerhalb des Lazaretts mit den Verwundeten zu treffen, und noch strenger, in Zivil herumzulaufen. Und ich trug ein dünnes Baumwollkleid.
Eine alte Frau zupfte ihre Tochter am Ärmel: »Schau, das muß der Pilot sein, der all diese Flugzeuge abgeschossen hat. Sein Foto war heut früh in der Zeitung.«
»Das glaub' ich nicht«, antwortete die andere. »Der da ist schöner.«
»Aber ganz bestimmt ist er das. Sieh dir doch den Orden an, den er um den Hals trägt. Der ist noch ganz neu.«
Wir bahnten uns einen Weg durch die Menge, die auf Koffern und Bündeln saß, durch all die Leute, die es eilig hatten oder die schwatzend herumstanden; es war wie auf einem Marktplatz. Ich hielt die Lenkstange meines Fahrrads fest, aus Angst, daß es mir gestohlen würde. Baldetti sagte, er

wolle mir schreiben, er würde mich nie vergessen. Wir drückten uns die Hand, danach drehte er sich noch einmal um und winkte. Ich dachte an seine Mutter, wie glücklich sie sein mußte, wenn er jetzt heil und berühmt nach Hause kam.

Erst als ich mit dem Fahrrad über die Via Nazionale zurückfuhr, begann ich die Menschentrauben zu bemerken, die vor den Cafés standen, um etwas im Radio zu hören. Gruppen von Leuten kamen aus den Geschäften, rannten und blieben plötzlich betroffen stehen. Ich hörte das Wort »Waffenstillstand« und erinnerte mich an Raimondos Anruf; seltsamerweise schienen alle besorgt, es gab keinerlei Freudentaumel. Ich radelte immer schneller, um nach Hause zu kommen. Die Straßen waren voller Menschen. Man sah keinen Deutschen.

Mama sagte, Raimondo habe angerufen und wolle wissen, wo ich sei. Er bitte mich, ihn vom Krankenhaus aus anzutelefonieren.

Als ich ins Krankenhaus kam, fand ich Offiziere, Soldaten, Ärzte und Dienstpersonal im Korridor versammelt. Ein Junge, dem man eine Hand amputiert hatte, stand, den Kopf auf den Arm gestützt, am Fenster und schluchzte. Ich legte ihm die Hand auf die Schulter. »Vielleicht kannst du das verstehen«, er schaute mich durch seine Tränen hindurch an, »ich hätte gern meine beiden Hände für Italien hergegeben.« Einige freuten sich, andere waren traurig, alle aber warteten darauf, daß ihnen jemand sagte, was sie tun sollten. Badoglio hatte zwar den Waffenstillstand ausgerufen, aber sein Kommuniqué enthielt einen dunklen Satz, der die italienischen Soldaten aufforderte, feindliche Angriffe mit Gewalt zu beantworten. Wer war der Feind? Wer würde angreifen? Das war ein Rätsel, das jeder für sich selbst lösen mußte. Wir verbrachten die Nacht in der Telefonzentrale, die un-

mittelbar mit einigen Ortschaften außerhalb Roms verbunden war, aber wen wir auch anriefen, die Antwort war immer dieselbe: »Wir wissen nichts. Man kann nur abwarten.«
Schließlich gelang es mir, mit Raimondo Verbindung aufzunehmen.
»Mach dir keine Sorgen«, sagte er, »alles wird gutgehen; ich komm' zu dir, sobald ich kann, du wirst sehen, es wird alles gutgehen.«
Er sagte das mit einer solchen Beharrlichkeit, daß ich begriff, daß alles ganz schlimm enden würde.

Die Deutschen schossen, töteten, besetzten Kasernen. Zu Hause stieß ich auf eine Gruppe Carabinieri, die aus der Kaserne der Via Garibaldi über die Mauer unseres Parks geflohen waren. Sie suchten Zivilkleidung, um einer Gefangennahme zu entgehen. Bei uns gab es nur wenig Männerhosen und Hemden, aber die Leute, die gegenüber wohnten, Evakuierte aus bombardierten Städten, brachten ihre ganze Garderobe. Der Anblick dieser vielen jungen Männer, die sich die Uniform vom Leib rissen, sie zu Boden warfen und im Hemd mit aufgekrempelten Ärmeln davonliefen, tat einem in der Seele weh. Vor allem hatten sie keine Ahnung, wohin sie gehen sollten. Wer Familie hatte, versuchte zum Bahnhof zu kommen und den erstbesten Zug zu nehmen, der ihn so nahe wie möglich an seinen Heimatort brachte; die anderen liefen planlos durch die Straßen, in der Hoffnung, jemanden zu finden, der ihnen einen Befehl gäbe.
Raimondo kam mit seinem Auto, und wir fuhren durch Rom. Da und dort kämpften Gruppen von Soldaten gegen die Deutschen.
»Ich dachte, dein General sollte Rom verteidigen«, sagte ich. »Wo steckt er denn?«

»Das kannst du nicht verstehen. Die Alliierten sollten eintreffen. Irgend etwas hat nicht geklappt.«
Er war so verzweifelt, daß ich nicht weiter fragen wollte. Er saß auf seinem Autositz und blickte starr auf die Menschen, die ohne Ziel umherliefen, als ob ein Erdbeben ihre Häuser und ihr Leben zerstört hätte.

Es klingelte. Zwei Männer in Zivil mit zwei Koffern. Sie blieben im Schatten des Eingangs stehen, am Fuß der Treppe.
»Ich bin General Carboni«, sagte der ältere von den beiden, »und das ist mein Sohn.« Der Sohn grüßte durch ein Neigen des Kopfes. »Wir brauchen einen Unterschlupf. Wir würden gerne hierbleiben, bis sich die Lage geklärt hat. Es ist gefährlich für uns, gesehen zu werden. Die Deutschen nehmen alle gefangen.«
Meine Mutter kam die Treppe herunter.
»In Ordnung, Herr General«, sagte sie, »treten Sie ein, kommen Sie nach oben. Ich fürchte nur, daß Sie sich mit Ihrem Sohn in ein Zimmer teilen müssen. Wissen Sie, dieses Haus ist nicht sehr groß.«
»Ich weiß, aber es liegt abseits, und niemand würde auf die Idee kommen, uns in Trastevere zu suchen.«
Raimondo kam, er war in Uniform. Der General wandte sich an ihn in Befehlston:
»Folgen Sie der Kolonne des Königs und bitten Sie um Befehle. Sagen Sie, daß ich auf Befehl warte. Ich will wissen, was ich zu tun habe.«
Raimondo nahm Haltung an: »Zu Befehl, Herr General!« Er legte mir den Arm um die Schultern, küßte mich und sagte: »Ich komm' bald wieder« und fuhr mit seinem Auto weg.

Viele Stunden später kam er zurück, von einem krampfhaften Lachen geschüttelt.

»Ich habe Ihnen auszurichten, Sie sollen sich arrangieren, Sie sollen tun, was Sie können. Sie hätten sie sehen müssen.« Er war erregt, fast hysterisch.

Schließlich beruhigte er sich, zog die Stiefel aus und beschrieb uns, wie er in rasender Fahrt der Kolonne auf dem Weg nach Pescara gefolgt sei. Er hatte sie nur dank einem beschrankten Bahnübergang eingeholt.

Raimondo war aus dem Auto gestürzt und hatte in Eile versucht, Badoglio zu finden. Alle waren da: der König, die Königin, die Generale. Endlich hatte er den Marschall gefunden.

»Ich bin der Ordonanzoffizier des Generals Carboni. Der General erwartet Ihre Befehle. Was soll er tun?«

Ein paar waren aus dem Auto gestiegen und bildeten eine kleine Gruppe, die eifrig darüber diskutierte, was zu tun sei; aber in diesem Augenblick kam der Zug. Alle sprangen in die Autos zurück, die Schranke ging hoch, und während die ganze Kolonne rasch wieder anfuhr, streckten Badoglio und ein anderer General die Köpfe aus dem Autofenster und riefen: »Sagen Sie ihm, er soll tun, was er kann, er soll sich arrangieren.«

Raimondo bog sich vor Lachen. »Arrangieren; haben Sie verstanden? Die Autos fuhren immer schneller an mir vorbei, und die beiden schrien ›arrangiiiieren‹ und winkten mit der Hand aus dem Fenster. Ich schaute ihnen nach, bis sie im Straßenstaub verschwunden waren.«

Die Telefonvermittlung rief einen Wachtposten am Strand von Anzio an.
»Was gibt's?«
»Nichts Besonderes.«
»Siehst du was?«
»Ja, Soldaten, die den Strand entlangkommen.«
»Soldaten? Sind es Alliierte?«
»Das wissen wir nicht, könnte sein.«
Eine Stunde später riefen wir nochmals an. »Nun, was ist?«
»Es scheinen Deutsche zu sein.«
Was auch draußen geschehen mag, ein Krankenhaus ist immer ein Ort, an dem Leute sterben und andere geheilt werden. So fuhren wir fort zu arbeiten und versuchten, die Soldaten zu trösten und damit zu beruhigen, daß sie, solange sie sich im Lazarett befänden, keiner Gefahr ausgesetzt seien.
Als ich nach Hause kam, fand ich zwei neue Gäste vor. Raimondos Mutter, die aus dem Grand Hotel ausgezogen war, und den Freund eines Freundes meiner Mutter, der sagte, er habe den Auftrag, die Kader der Kommunistischen Partei zu organisieren. Auch er war auf der Suche nach einem Unterschlupf. Er hing ständig am Telefon und wollte nicht, daß seine Anwesenheit bekannt würde.
Als General Carboni von der Ankunft des Mannes erfuhr, bat

er ebenfalls, seine Anwesenheit geheimzuhalten. So mußten die Mädchen beiden das Essen aufs Zimmer bringen. Trafen sich die zwei zufällig auf der Terrasse, sahen sie sich kurz an und stürzten sofort in ihre Verstecke zurück.
General Carboni näherte sich meiner Mutter und flüsterte ihr zu: »Glauben Sie nicht, Donna Virginia, daß zwischen uns beiden etwas sein könnte? Sie sind eine so faszinierende Frau.
»Ich wüßte nicht, wo wir die Zeit dazu hernehmen sollten, Herr General«, antwortete meine Mutter lächelnd.
Das Radio meldete, daß der General Calvi di Bergolo, Schwiegersohn des Königs, das Kommando in Rom übernommen habe. General Carboni schien erleichtert. Die Deutschen verbreiteten Kommuniqués, in denen alle Angehörigen der italienischen Streitkräfte aufgefordert wurden, sich im Hauptquartier zu melden.
Wie ein Wiindstoß kam ein Mann durch die Hintertür herein, den ich noch nie gesehen hatte. »Wo ist Ihre Mutter? Sagen Sie ihr, ich sei Oberst Giaccone. Ich bin soeben aus einem Zug gesprungen, in dem die Deutschen meinen Kommandanten, General Calvi di Bergolo, als Gefangenen nach Deutschland transportierten. Ich brauche ein Versteck.«
Auch für Oberst Giaccone wurde noch ein Bett gefunden. Auch er telefonierte; auch er wollte unerkannt bleiben.
Ich verstand nicht, warum sich unsere Gäste nicht lieber zusammensetzten, anstatt sich in verschiedenen Zimmern aufzuhalten und zu telefonieren. In Wirklichkeit stammten die Informationen, über die sie verfügten, sowieso von Iolanda, die auf dem Markt einkaufte, und von mir aus dem Krankenhaus.
Raimondo kam und ging. Er hatte immer noch sein Auto. Er wußte inzwischen, daß der ganze Plan mißglückt war und daß er zusehen mußte, sich für sein Teil zu arrangieren.

Wenn Iolanda vom Markt zurückkam, wurde sie von allen Seiten bestürmt. »Was gibt's?« »Waren Soldaten zu sehen?« »Was sagen die Leute?« »Kommen die Alliierten?« Und von Iolandas Antworten hing die Stimmung der nächsten Stunden ab.

General Carboni wurde immer aufgeregter. Es war inzwischen offensichtlich, daß es immer schwieriger würde, irgendeine Entscheidung zu treffen, je mehr Zeit verstrich. So quälte er sich ständig mit den gleichen Fragen: »Was soll ich tun? Mich beim Hauptquartier melden, von dem man nicht weiß, wer das ist? Mich verstecken? Oder versuchen, die Alliierten im Süden zu erreichen?«

Es war schwierig, ihm eine Antwort zu geben, denn man wußte, wo immer er sich auch meldete, nirgends würde man ihn mit Enthusiasmus empfangen; andererseits ließ jede untätige Stunde seine Position verdächtiger erscheinen.

Es kam der Tag, an dem am Ende der Straße ein deutscher Soldat mit einem leichten Madchinengewehr postiert wurde. Es war ein etwa achtzehnjähriger Junge mit hellen, erschrockenen Augen, der den Tarnanzug eines Fallschirmspringers trug. Ich bin sicher, daß er keine Ahnung hatte, warum er dort stehen mußte. Er war ganz offensichtlich in Panik. Eine Gruppe Kinder ging zu ihm hin, um seine Hosen anzufassen, die wie Laub aussahen. Er fing an zu schreien und brachte das Gewehr in Anschlag. Die Mütter zogen ihre Kinder zurück, und die Waffe richtete sich jetzt auch gegen sie. Daraufhin stellten sich die Frauen mit den Kindern zusammen und betrachteten ihn kopfschüttelnd.

Ich kam nach Hause und erzählte, daß ein bewaffneter deutscher Soldat auf der Straße stehe. Diese Nachricht löste die Zweifel des Generals Carboni. Er würde sich im Hauptquartier melden. Er fragte Raimondo, ob er die Absicht habe, ihn zu begleiten. Raimondo zögerte, er hielt es für eine Dummheit. Die Diskussion wurde erneut aufgenommen. Raimondo sagte zuerst ja, dann nein.

Wir standen alle in der Eingangshalle, Raimondo noch in Uniform.

»Zum letzten Mal, Lanza«, wandte sich der General an ihn, »kommen Sie mit uns oder nicht?«

»Ich bedaure, Herr General, nein.«

»Raimondo!« hörte man plötzlich einen Schrei.

»Was ist denn los, Mama?«

»Deine Füße! Du bist ja in Strümpfen! Du sprichst mit deinem General ohne Stiefel!«

»Mama, ich bitte dich, meine Stiefel sind eng und tun mir weh. Außerdem, was soll's? Mama, wer kümmert sich jetzt um Stiefel?«

»Auf Wiedersehen«, sagte General Carboni. Er ging, gefolgt von seinem Sohn, aus der Tür und fuhr in Raimondos Auto davon.

»Die verhaften ihn«, rief Raimondo, »begreift er denn nicht, daß sie ihn zwangsläufig verhaften? Ich gehe in den Süden.«

Aber auch das war gar nicht so einfach. Inzwischen stoppten die Deutschen die Züge und verhafteten Soldaten und Zivilisten.

Oberst Giaccone machte sich zu Fuß davon. Er war ent-

schlossen, die Linien zu passieren. Er wußte genau, was er wollte. Beim Weggehen sagte er zu mir: »Wenn Sie in die Schweiz kommen, sagen Sie der Gräfin Calvi di Bergola, ihr Gatte habe sich wie ein Herr und ein Soldat benommen.« Und wie er gekommen war, ging er auch wieder, im Schritt eines Bersagliere. Auch der kommunistische Freund eines Freundes verschwand, er hatte niemanden mehr, den er anrufen konnte.
Raimondo war unschlüssig. Ich nahm ihn mit ins Krankenhaus und versteckte ihn in der Kantine. Ich bat einen verwundeten Offizier, mit dem ich befreundet war, ihm etwas zu essen zu bringen, und erklärte ihm, daß Raimondo auf den geeigneten Moment warte, um sich nach Süden abzusetzen.
Der Offizier kam zurück. »Du solltest deinem Freund sagen, daß er sein Seidenhemd wechseln und das goldene Armband ablegen muß, wenn er möchte, daß ihn die Deutschen für einen Bauern halten.« Als ich das Raimondo ausrichtete, lachte er. Er besaß nur seidene Hemden.
Ich brachte die Revolver und Handgranaten von zu Hause fort und händigte sie den Offizieren im Krankenhaus aus. Eines Tages, im Morgengrauen, sagte ich Raimondo »Addio«, auf dem Gipfel des Gianicolo, unter dem Standbild Garibaldis. Er war per Fahrrad, hatte wie ein Bauer ein Taschentuch an die Lenkstange gebunden und trug sein Seidenhemd und sein goldenes Armband.
Nie hat er mehr wie ein Junge ausgesehen als jetzt, dachte ich. Wie ein glücklicher Junge, der mit dem Rad in die Ferien fährt.
»Paß auf dich auf, Nini, und mach keine Dummheiten.«
Wir küßten uns, und er fuhr lachend unter den Bäumen davon.

»Was machst du denn hier, Virginia?«

Im Haus befanden sich außer mir nur noch meine Mutter, Lotti und die Zimmermädchen. Wir wußten nicht, was wir tun sollten. Alle unsere Freunde waren versteckt oder auf der Flucht oder gingen nicht ans Telefon und taten so, als seien sie nicht in Rom.

Wir debattierten. Meine Mutter bestand darauf, daß ich zu meinen Geschwistern in die Schweiz fahren sollte.

»Komm mit«, sagte sie eines Nachmittags zu mir, »wir fragen Max um Rat. Er ist Diplomat und müßte eigentlich besser informiert sein als wir.«

Auf dem Fahrrad fuhren wir durch die Innenstadt bis zur Via Ludovisi.

»Er meldet sich nicht«, sagte der Portier, »aber er muß da sein. Sein Schlüssel hängt nicht hier.«

Wir gingen nach oben und klopften an die Tür. Keine Antwort. Wir klopften noch einmal und noch einmal, bis sich innen etwas bewegte. Die Tür öffnete sich, und Max stand, groß und gutaussehend, im seidenen Bademantel und mit verträumtem Blick im Türrahmen, den er völlig ausfüllte.

»Was machst du denn hier, Virginia?«

»Ich möchte deinen Rat.«

»Komm herein«, sagte er. »Nimm Platz. Ihr kennt euch doch, nicht wahr?« Eine Frau war hinter ihm erschienen,

ebenfalls im Morgenrock, die Haare wirr ums Gesicht, wie einen dunklen Heiligenschein. Sie nahm seine Hand, und so blieben sie, Hand in Hand.
»Was für einen Rat willst du, Virginia?«
»Einen Rat, was wir tun sollen.«
Er schien erstaunt. »Was meinst du mit ›tun sollen‹?«
»Ich meine, die Deutschen, die Alliierten, der Waffenstillstand. Was sollen wir tun?«
Die Augen von Max wurden immer größer. »Aber wovon redest du eigentlich?«
»Haben Sie nicht Radio gehört?« mischte ich mich ein.
»Nein.«
»Sind Sie seit letzter Woche auch nicht aus dem Haus gewesen?«
»Nein.«
»Ich glaube, Mama, dann solltest du sie ein bißchen aufklären.«
Eine ganze Woche. Ich war fassungslos. Diese beiden hatten sich während dieser ganzen Woche nur geliebt, mitten in der Stadt. Sie hatten mit niemandem gesprochen, niemanden gesehen, kein Radio gehört, für nichts anderes Interesse gehabt als füreinander. Sie wußten nicht, daß außerhalb ihrer vier Wände alle von Zweifel, Zögern, Unsicherheit gemartert waren; daß die Menschen starben und flohen; getötet und deportiert wurden: daß man die Zukunft in jeder Sekunde aufs Spiel setzte, während sie einander in den Armen lagen und nur dieses Zimmer kannten, diesen Augenblick, diese Wirklichkeit. Nie habe ich jemanden mehr beneidet.

Maria Sole wohnte mit Clara in Ouchy bei Lausanne, nah am See, und ich sollte mich mit Cristiana in ein kleines Appartement teilen.
Ich ersuchte um Zulassung zum Medizinstudium. Maria Sole hatte sich bereits in Chemie einschreiben können.
Vom Generalsekretariat des Roten Kreuzes war ich gebeten worden, mit der Fürstin von Piemont Kontakt aufzunehmen und sie der Treue und Ergebenheit all derer, die in Rom zurückgeblieben waren, zu versichern. Man hatte mir auch einen Brief mitgegeben.
Ich erhielt von den Schweizer Behörden die Erlaubnis, Fürstin Maria José in dem Gebirgsdorf zu besuchen, in dem sie versteckt lebte. Eine Hofdame holte mich vom Bahnhof ab. Es war eine alte und traurige Dame, die völlig verloren wirkte in diesem kalten Schweizer Herbst, feucht von Laub und Regen. Wir kamen zum Gasthof. Ich wartete in dem kleinen Familienpensionssalon, bis die Fürstin von Piemont erschien. Sie war sehr schön und schüchterner denn je, ihre hellen Augen schienen auf ein fernes Ziel gerichtet. Ich machte meine Verneigung, küßte ihr die Hand, übergab ihr den Brief und richtete die Botschaft aus. Sie lächelte traurig und sagte dreimal »danke«.
Ich bat sie, der Gräfin Calvi die Worte von Oberst Giaccone zu übermitteln. Sie schien überrascht.

Dann fragte sie mich plötzlich mit großer Überwindung: »Wissen Sie, wo sich Seine Majestät befindet?«
Ich war so erstaunt, daß ich nur murmelte: »Ja, natürlich, im Süden.« Danach saßen wir schüchtern und verlegen noch einige Minuten beisammen, bevor sich die Fürstin erhob, um mich zu verabschieden.
Ich mußte auf meinen Zug warten, und die Hofdame führte mich inzwischen zu den Kindern.
Sie sahen genauso aus, wie sich jeder Fotograf Königskinder wünschen muß: vier fast gleichaltrige, bildhübsche Kinder, alle mit dem gleichen hellen »Sweater« angezogen – und im Exil.
Sie machten gerade ihre Aufgaben. Die Hofdame war auch ihre Lehrerin. Voll Stolz zeigte sie mir, wie der blauäugige, blonde Prinz von Neapel, der an einem Korbtischchen am Fuß seines Bettes saß, gerade die Fahne von Italien malte.

Cristiana ging zur Schule. Am Morgen rannten wir aus dem Haus, um den O-Bus zu erwischen, der uns in die Oberstadt brachte. Mittags kamen Clara und Maria Sole zu uns, und wir aßen Milch und Getreideflocken, die man ohne Marken kaufen konnte. Dann gingen wir zum Unterricht zurück.
Am Abend nahmen Cristiana und ich ein heißes Bad und löffelten zusammen im Ehebett eine heiße Suppe, um uns für die Nacht warmzuhalten. Cristiana wurde von vielen Jungen umschwärmt, denen ich in ihrem Namen wunderbare Liebesbriefe schrieb. Ich hatte niemanden, dem ich schreiben konnte.
Die Nachrichten erreichten uns bruchstückweise. Mein blauäugiger Held hatte seinen Zerstörer vor die spanische Küste gebracht, Mannschaft, Matrosen und Offiziere an Land gesetzt und dann das Schiff versenkt. Alle waren in einem neutralen Gefängnis gelandet. Raimondo hatte Brin-

disi erreicht; Topazias Mutter war von den Deutschen verhaftet worden; Cini hatten sie nach Dachau deportiert. In Italien herrschte immer größeres Durcheinander.
Jeden Tag kamen neue Italiener zu Fuß über die Schweizer Grenze. Sie wurden in Lagern aufgefangen oder wohnten in Hotels, und sie durften die Universität nur besuchen, wenn sich Schweizer Staatsangehörige für ihr ernsthaftes Interesse verbürgten.
Überall herrschte Feindseligkeit. Die Schweizer mochten die Italiener nicht. Von ihrem Standpunkt aus war das verständlich, denn mit ihren Vorräten mußten sie weitere Mäuler ernähren, ohne daß sie absehen konnten, wie lange der Krieg noch dauern würde.
Die Jungen waren feindlich gegen jeden Nichtjuden, der ihrer Meinung nach in Italien hätte bleiben können, da sein Leben nicht unmittelbar bedroht war. Alle haßten diejenigen, die etwas Geld hatten, die außerhalb eines Lagers leben konnten oder die legal in die Schweiz eingereist waren. Diese letzteren jedenfalls wurden als Verräter angesehen.
Ich studierte. Ich zeichnete Amöben und Chromosomen, Blütenstempel und Staubgefäße, verbrachte viele Stunden mit chemischen Analysen und physikalischen Experimenten und versuchte, nicht an die Welt um mich zu denken.

Am schlimmsten waren die Sonntage. Wir aßen mittags, nach der Kirche, bei Clara und machten triste Spaziergänge am Quai d' Ouchy. Der Genfer See lag reglos und bleiern da, die Berge auf der anderen Seite begannen sich bereits mit Schnee zu bedecken, und selbst die Möwen sahen gelangweilt aus. Clara gelang es, ein halbwegs ordentliches Mittagessen zusammenzustellen; von ihren Lebensmittelmarken kaufte sie noch für jeden von uns ein kleines gesalzenes Hefebrötchen mit frischer Butter, das wir voll Andacht verzehrten. Manchmal gingen wir ins Kino, ansonsten liefen wir herum und beteten verzweifelt darum, daß es bald Montag würde oder daß irgend etwas geschähe.
Emilio Pucci rief von einem Krankenhaus in der Nähe der Grenze an. Er sei aus einem Gefängnis geflohen, die Deutschen hätten ihn gefoltert. Er habe versucht, Cianos Tagebuch in die Schweiz zu bringen. Jetzt sei er in diesem Krankenhaus interniert. Plötzlich machte es im Telefon »klick«, dann war Schweigen. Tage später wurde mir ein Brief zugestellt. Emilio hatte keine Erlaubnis, Telefongespräche zu führen oder jemanden zu sehen, er unterrichtete jetzt in einem Knabeninternat auf dem Land, und er flehte mich an, mich um eine Besuchsgenehmigung zu bemühen. Er war verzweifelt.
Ich kannte den italienischen Legationsrat in Bern und bat

ihn, mir zu helfen, mit Emilio Verbindung aufnehmen zu dürfen. Er vermittelte mir ein Gespräch mit dem Polizeipräsidenten, der meine Mutter kannte, und so nahm ich den Zug nach Bern. Ich trug an einem Fuß einen Halbschuh und am anderen einen Schneestiefel, da ich solche Frostbeulen hatte, daß ich meinen rechten Schuh nicht mehr anziehen konnte. Meine Schwestern und ich waren jedoch der Meinung gewesen, daß zwei Schneestiefel einem Schweizer Beamten respektlos vorkommen könnten.
Für Emilio ließ sich nichts erreichen. Er mußte weiter unter falschem Namen in diesem Internat unterrichten, und er mußte dafür sogar noch dankbar sein, da ihm dort Unterkunft und Verpflegung gewährt wurden. Vielleicht würde man mir später die Erlaubnis erteilen, ihn zu besuchen. Ich sagte »danke«.
Giorgio B., der Legationsrat, der mich begleitet hatte, lud mich zum Mittagessen zu sich nach Hause ein und brachte mich dann zum Bahnhof. Kurz bevor der Zug abfuhr, reichte er mir einen Schein. Es war der Zuschlag für die erste Klasse. Ich war gerührt. So lange hatte mir niemand mehr eine Freundlichkeit erwiesen. Mir stiegen Tränen in die Augen, und ich faßte Zuneigung zu ihm.
Ich schrieb ihm lange Briefe und schickte ihm Geschichtchen, die ich mir ausdachte; er rief mich dann an, um mir zu sagen, ob sie ihm gefallen hatten oder nicht. Es war eine »amitié amoureuse«. Ich war glücklich, jemanden zu haben, mit dem ich reden konnte. Mit Giorgio konnte ich mich über die Situation in Italien unterhalten, über die aktuellen Ereignisse, über die Zukunft. Er gab mir die Nachrichten, die er als Diplomat über den Vatikan erhielt, und ich gab ihm meine Verzweiflung. Als Ciano der Prozeß gemacht wurde, als man ihn verurteilte und im Gefängnishof von Verona erschoß, konnte ich meinen Studienkollegen

nicht sagen, wie sehr mich sein Tod erschütterte. Alle haßten sie ihn, er war das Symbol des Faschismus, und alle sagten, es sei ihm recht geschehen. Ich sah ihn als Galeazzo, eitel, aber ein Freund. Ich stellte ihn mir vor, wie er ungläubig bis zuletzt auf irgendeinen magischen Zauber, irgendein Amulett vertraute, die ihn retten würden. Giorgio verstand das. Ihm konnte ich zumindest sagen, daß ich traurig war.
Im Labor arbeitete ich mit einem jungen Franzosen namens Jacques zusammen. Wir brachten die Flüssigkeiten im Reagenzglas zum Kochen, beschnüffelten die aufsteigenden Dämpfe, beobachteten die Verfärbungen, fügten giftige Tropfen hinzu und versuchten, die Zusammensetzung des Pulvers zu erraten, das man uns gegeben hatte. Jacques war ein kräftiger Junge und sehr, sehr französisch. Er trug einen dicken Pullover über dem Hemd und studierte mit extremem Eifer.
Wir notierten unsere Analyseergebnisse auf großen karierten Blättern, die wir alle zehn Minuten miteinander verglichen, wobei wir unsere Witzchen machten. Einmal reichte mir Jacques sein Blatt und deutete auf drei Worte, die er an den oberen Rand geschrieben hatte. »Je t'aime«, las ich und wollte gerade loslachen, aber das Lachen blieb mir im Hals stecken, als ich seinen forschenden Blick und sein angespanntes Gesicht sah. Ich wurde rot.
»Keine Reaktion?« Er schüttelte mich an den Schultern.
»Réaction rouge«, schrieb ich auf mein Blatt und flüchtete mich in die chemische Terminologie, um ihn nicht zu verletzen, um seine Freundschaft nicht zu verlieren.
Ich kam mir so alt vor. Er war ein Jahr jünger als ich, und eine Ewigkeit schien zwischen uns zu liegen. Wie konnte ich ihm das erklären?

Ich kam nach Vorlesungsschluß die Treppen herunter, die auf die Place de l'Université führen. Es dämmerte schon auf dem grauen Platz, und in der Luft lag ein leichter Nebel. Plötzlich sah ich eine Frau, die auf mich zukam, ein dickliches Wesen mit abgespanntem, verängstigtem Gesicht.
»Sind Sie Suni Agnelli?« fragte sie mich.
»Ja.«
»Ich muß Sie unbedingt sprechen; es ist ganz wichtig und dringend. Wir können hier nicht mitten auf der Straße reden. Geben Sie mir Ihre Adresse, ich komme zu Ihnen.«
Ich war etwas beunruhigt, während ich auf diese merkwürdige Frau wartete. Sie kam, setzte sich auf einen Stuhl und preßte beim Sprechen zitternd ihre Hände zusammen.
»Ich heiße Hilde B.«, sagte sie. »Ich bin Deutsche. Ich arbeite für die SS.«
Mir brach der Schweiß am ganzen Körper aus.
»Ich war bei Galeazzo Ciano bis zu seinem Tod«, fuhr sie fort.
»Ich habe ihm eine Ampulle Zyankali verschafft. Man hatte mir geschworen, daß es wirken würde. Aber er ist nicht daran gestorben. Er hat sich nur sehr elend gefühlt, so elend, daß sie ihn transportieren mußten, Sie wissen schon«, schluchzte sie. »Galeazzo hat mir von Ihnen erzählt. Ich war die ganze Zeit, die er in Verona im Gefängnis war,

bei ihm. Ich sollte ihn zum Reden bringen, statt dessen habe ich mich in ihn verliebt. Ich wollte ihm helfen, ihm die Flucht ermöglichen, ihm zumindest die Erschießung ersparen. Nicht einmal das ist mir gelungen. Jetzt müssen Sie mir helfen.«

»Was soll ich tun?«

»Besorgen Sie mir eine Ampulle Zyankali, eine Dosis, die mich auf der Stelle tötet, garantiert sofort tötet. Ich muß nach Italien zurück. Wenn die Deutschen erfahren . . . wenn sie mich töten, das ist mir egal, aber wenn sie mich foltern – ich weiß, was das bedeutet, ich weiß, das halte ich nicht aus, dem bin ich nicht gewachsen. Sie studieren Medizin. Sie können sich das verschaffen. Bitte besorgen Sie mir das Zyankali, tun Sie es für Galeazzo.«

Ich schluckte tief. Wo, um Himmels willen, sollte ich Zyankali auftreiben?

»Aber warum bitten Sie nicht in der Schweiz um Asyl?« fragte ich. »Man wird Sie nicht abweisen, da Sie schon einmal hier sind und wenn Sie den Grund erklären.«

»Ich kann nicht«, murmelte sie, »mein Mann ist General an der russischen Front.«

Ich ging zu einem jüdischen Studenten aus Italien, der Assistent bei einem Chemieprofessor war, und sagte ihm, daß ich ganz schnell eine tödliche Dosis Zyankali brauche für eine Frau, die damit rechnen müsse, gefoltert zu werden. Sie sei Partisanin, log ich. Nachts gingen wir gemeinsam ins Labor, er füllte die Ampulle, versiegelte sie mit der Bunsenflamme, und Hilde kam in den Besitz des Gifts.

Nachts wachte ich auf und dachte an die Ampulle.

Die Monate vergingen. Eintönige kalte Schweizer Monate. Wenn man in Lausanne viermal täglich über die Place St. François geht und die Rue du Bourg hinaufsteigt, kennt man bald alle Gesichter. Beim Mittagessen informierten wir uns gegenseitig über die Neuankömmlinge. »Ein Italiener mittleren Alters mit ganz nettem Gesicht.« »Zwei Franzosen«, dann, als es allmählich Frühling wurde: »Sechs Amerikaner.« Diese letzteren waren entweder Flieger, die über der Schweiz abgesprungen waren, oder Kriegsgefangene, denen es gelungen war zu fliehen. Sie trugen eine braune Uniform mit der amerikanischen Flagge auf der Brust. Die anderen Ausländer trugen ihr Nationalitätszeichen an der Anzugsjacke und verdeckten es, indem sie wie zufällig ein Buch davor hielten.

In der Vorlesung entdeckte ich erst nach Monaten, daß ein Junge, der mit mir in der gleichen Bank saß, auch Italiener war, und ich kam nur deshalb darauf, weil ich ihn eines Tages fragte: »Wie kommt es eigentlich, daß du einen so italienischen Namen hast?« Er war Jude, und es war ihm peinlich. Dann merkte ich, daß sich viele andere genauso verhielten.

»Aber warum geht ihr nicht nach Italien zurück und kämpft gegen die Deutschen?« fragte ich sie. »Italien ist voll von Partisanen, die ihr Leben riskieren. Ihr brauchtet nur zu Fuß

über die Grenze und euch ihnen anzuschließen, statt den ganzen Tag hier herumzusitzen und uns zu erklären, wie ihr Italien reorganisieren wollt, wenn der Krieg vorbei ist.«
Eine neue Diskussion entbrannte, als sie einen Aufruf gegen die Besetzung der Universität Oslo durch die Deutschen zirkulieren ließen. Ich weigerte mich zu unterschreiben und sagte, daß meiner Meinung nach keiner von uns unterschreiben dürfe. Es schien mir nicht angebracht, daß ein Italiener, der in einem neutralen Land studierte, während er in seiner Heimat hätte kämpfen können, Aufrufe unterschrieb.
»Du hast leicht reden, du bist keine Jüdin!« schrien sie. Es kam zu einer Kampagne gegenseitiger Beschimpfungen, bis der Rektor der Universität damit drohte, uns vom Besuch der Vorlesungen auszuschließen, wenn wir mit unseren Streitigkeiten nicht aufhörten. Ich wurde zum verhaßtesten Mädchen der ganzen Universität.
»Wenn der Krieg vorbei ist, werden wir keinem Agnelli mehr gestatten, nach Italien zurückzukehren«, sagten sie zu mir. »Du bist eine Faschistin.«
»Und ihr seid Feiglinge«, sagte ich.
Um diese Zeit wurde meine Mutter von den Deutschen verhaftet und in der Klinik San Gregorio interniert. Sie ließ uns wissen, wir sollten keinerlei Versuch unternehmen, ihr zu helfen: das würde ihre Lage nur verschlimmern. Ich rief Giorgio an. Er war freundlich und tröstete mich mit der Versicherung, daß die Sache gut ausgehen werde. Eine Menge Frauen seien verhaftet und in San Gregorio interniert worden; es seien so viele, daß man das Schlimmste ausschließen könne.
Hin und wiede tauchten Partisanen bei uns auf: Freunde, die bei den Brigaden im Gebirge kämpften und in die Schweiz kamen, um Kontakte aufzunehmen oder Befehle zu erhal-

ten. Sie waren nervös und fanatisch. Der Partisanenkrieg besteht zwangsläufig aus Verschwörungen, Hinterhalten, Heldentaten, Täuschungsmanövern, Morden und Schrecken. Um ihn als Mensch zu überstehen, muß man sehr stark sein.

Die Partisanen brachten uns Nachrichten von anderen Freunden, von solchen, die getötet oder deportiert worden waren, solchen, die mit den Alliierten kämpften, und den ganz wenigen, die sich mit den Deutschen verbündet hatten. Als man mir zum ersten Mal erzählte, daß Urbano Rattazzi auf dieser Seite stehe, konnte ich es nicht glauben. Ich dachte, es müsse eine Verwechslung vorliegen. Später erfuhr ich, daß er Flügeladjutant von Valerio Borghese sei und mit der faschistischen Einheit Decima MAS am Brückenkopf von Anzio gegen die Alliierten kämpfe. Urbano war der letzte, den ich auf faschistischer Seite vermutet hätte.

Es war schwierig zu begreifen, welchen Mechanismus der achte September im Kopf jedes einzelnen ausgelöst hatte.

Mama war freigelassen worden, nachdem sie sich einer Mandeloperation hatte unterziehen müssen. Unser Wiedersehen fand an der Grenze statt. Jetzt, da ich ihr im Abteil gegenübersaß, umgeben von lauter Unbekannten, war ich unfähig, die Worte zu finden, um ihr das einzig Sinnvolle zu sagen: daß ich sie gernhatte. Sie zog ein goldenes Etui aus ihrer Tasche, das sieben Rähmchen mit dem Bild jedes ihrer Kinder enthielt; am Rand entdeckte ich das SS-Zeichen.
»Ich bitte dich, Mama. Steck das weg und zieh es nie mehr heraus!«
Am Bahnhof von Lausanne berichtete eine Sonderausgabe der Zeitung, Rom sei von den Alliierten ohne einen einzigen Schuß befreit worden. Die Deutschen seien abgezogen, ohne Rom zu verteidigen.
Meine Mutter begann zu weinen. »Gott sei Dank«, sagte sie, »Gott sei Dank.«
Ich legte ihr den Arm um die Schultern, und zu Fuß machten wir uns auf den Weg nach Hause. Dabei erzählte sie mir von ihrer Vermittlerrolle bei den Verhandlungen zwischen dem Papst und dem General Wolff über einen kampflosen Rückzug der deutschen Truppen, der die Zerstörung der Stadt verhindern sollte. Nach der Unterredung hatte ihr General Wolff zum Dank das Foto-Etui geschenkt.

In der Villa des italienischen Signore, der den Personenschmuggel über die Grenze organisierte, ging es sehr geheimnisvoll zu. Selbst die Mahlzeiten schmeckten nach Verschwörung. Man mußte so tun, als wüßte man nicht, weshalb sich die anderen Personen hier befanden und was sie im Sinn hatten. Man redete ein bißchen vom Wetter, aber hinter jedem Wort verbarg sich eine dunkle Drohung, lauerte eine geheime Gefahr.
Ich wäre bestimmt der schlechteste Verschwörer der Welt. Ich hatte zu meiner Mutter »ciao« gesagt und bei mir beschlossen, nach Italien zurückzukehren, wobei ich nur an das dachte, was mich erwartete, und nicht an das, was ich zurückließ. Jetzt ging ich durch den Park hinunter zum See, und während ich über das Rätsel menschlichen Verhaltens nachdachte, beobachtete ich, wie sich die Färbung des Wassers veränderte. Ich wunderte mich über das infantile Benehmen der Leute, die sich in dieser Villa verborgen hielten, und fragte mich, warum man immer versucht, den Kindern einzureden, alle Erwachsenen seien vernünftig.
Eines Morgens brachte man mich im Auto zu einem Gehöft, in dem eine unglaublich zahlreiche Familie ihren alltäglichen Geschäften nachging. Die Mutter kochte, die Jungen arbeiteten auf dem Feld, die Kinder spielten ums Haus herum, die Mädchen räumten auf. Man bot mir einen Stuhl an;

ich saß da, mit Faltenrock, weißer Bluse und blauer Strickjacke, wie eine Schülerin, die darauf wartet, an die Tafel gerufen zu werden. Von Zeit zu Zeit warf die Mutter einen Blick auf mich und schüttelte den Kopf.
In der geheimnisumwitterten Atmosphäre jener Villa hatte ich mir keine Vorstellung davon machen können, wie es weitergehen sollte und auf welche Weise ich über die Grenze kommen würde. Ich hatte eine bestimmte Summe bezahlt, und als Gegenleistung hatte man mir zugesichert, mich über die Grenze zu bringen. Ich wartete. Als ich hörte, wie die Bauernkinder untereinander davon redeten, daß sich die deutschen Soldaten heute nicht so benähmen wie sonst und man das Ganze vielleicht verschieben müsse, wurde ich von Panik ergriffen. Was würde Gianni tun, wenn er zu dem verabredeten Treffpunkt käme und mich nicht vorfände? Es war schon sehr schwierig gewesen, mit ihm Verbindung aufzunehmen, und ich hätte nicht gewußt, wie ich einen anderen Zeitpunkt ausmachen sollte. Ich ging hinaus und fragte die Jungen, was los sei. Sie zuckten die Achseln. »Wenn Sie heute nicht 'rübergehen, dann eben morgen!«
»Das ist unmöglich!« Ich starb fast vor Angst. »Ich werde erwartet.«
»Na und? Was wollen Sie denn tun, sich von den Teutonen umbringen lassen?« Mir wurde die Kehle trocken. »Ich muß hinüber«, wiederholte ich.
»Nach dem Essen probieren wir es«, sagten sie und kehrten an ihre Arbeit zurück.
Ich schaute der Mutter zu, wie sie die Soße zur Polenta bereitete. Sie schabte das Fleisch von den Knochen gekochter Vögel und warf es in einen Topf mit dicker, dunkler Brühe. Es wurde Zeit zum Mittagessen, und wir setzten uns alle um den großen Tisch. Die anderen aßen gierig und schoben

mir die riesige Schüssel hin: »Da, essen Sie. Sie werden es noch brauchen. Drüben gibt es nichts.«
Ich brachte nichts hinunter; ich versuchte zu lächeln. Die Mutter schüttelte immer wieder den Kopf, wenn sie mich anschaute. »Also gut, probieren wir's«, sagte einer der Jungen etwas lustlos nach dem Essen. So zog ich mit den beiden Burschen los.
Wir gingen durch einen Wald, bis wir an den hohen Maschenzaun kamen. Dort hockten wir uns nieder und warteten. Plötzlich hörten wir die Stimmen von zwei Männern, die deutsch redeten; die Stimmen entfernten sich. Einer der Jungen hatte eine Drahtschere bei sich. Er schnitt unten in den Zaun ein Loch, machte mir ein Zeichen und sagte: »Gehen Sie jetzt!«
Ich legte mich auf den Bauch und kroch durch den Maschenzaun. Meine Strickjacke blieb an einem Draht hängen, und als ich aufstand, klingelten die Glöckchen, die oben am Zaun angebracht waren, »ding, ding, ding«.
Ich machte einen Satz, rannte über den vor mir liegenden Wiesenstreifen und warf mich zu Boden; mein Herz pochte wie rasend.
Ich stand auf, klopfte meine Kleider ab und ging bis zur Straße und dann weiter in Richtung auf das Dorf, das ich nun unweit vor mir liegen sah. Auf meiner Uhr war es dreiviertel zwei, ich hatte also noch eine Stunde Zeit bis zu unserem Treffen.
Dann sah ich, daß es auf der Kirchturmuhr bereits zehn vor drei war, und mir fiel ein, daß in Italien die Sommerzeit galt.
Zwei deutsche Soldaten kamen die Straße herauf. Sie riefen »Hallo« und winkten fröhlich mit der Hand; ich antwortete auch »Hallo« und lachte, während ich die Straße hinuntereilte, um nicht zu spät zu kommen.

Was sollte ich tun, wenn Gianni nicht da wäre? Ich hatte weder Geld noch Papiere.
Plötzlich sah ich zwischen den letzten Häusern des Dorfes ein Auto auf mich zukommen. Ich stellte mich in der Mitte der Straße auf und schwenkte die Arme. Als Gianni mich sah, fing er an, vor Freude das Auto im Slalom von einer Straßenseite zur anderen zu lenken. Er bremste direkt vor meinen Füßen und lachte.

Am nächsten Tag brachen wir auf. In der Nähe von Florenz, auf dem Porretta-Paß, brannte ein Auto am Straßenrand. Nach ein paar Kilometern stießen wir auf ein zweites, dann auf noch eines, alle in Flammen.
Der Paß stand unter Beschuß. Ein Flugzeug hatte sämtliche Autos, die auf dieser Straße fuhren, nacheinander aufs Korn genommen; wie durch ein Wunder waren wir verschont geblieben.
Vor Einbruch der Nacht kamen wir in Florenz an. Die Straßen und Plätze waren voll von jungen faschistischen Offizieren mit hochfahrendem und zugleich erschrockenem Gebaren. Sie hielten Maschinenpistolen im Arm, legten beim Essen ihre Handgranaten auf den Tisch und trugen schwarze Rollkragenpullover unter der Jacke. Die Uniformen waren übersät mit Orden und Ehrenzeichen, an Hals, Ärmeln und an der Brust. Sie sahen aus wie eine Tänzertruppe, die ein Militärballett einstudiert. Irgend jemand fragte Gianni: »Was halten Sie von den Republiklern?« Er meinte die Sympathisanten von Mussolinis wackliger Republik von Salò.
»Arme Teufel«, antwortete Gianni.
Wir hatten vor, auf ein Landgut meines Großvaters in der Nähe von Perugia zu fahren und uns dort versteckt zu halten, bis das Gebiet von den Alliierten befreit würde. Es

konnte sich nur noch um wenige Tage handeln. Die Alliierten rückten, wenn auch sehr langsam, durch Mittelitalien vor, und Monte Corona lag fast an der Frontlinie.
Wir versteckten unsere Papiere und benutzten zwei falsche Ausweise, die auf die Namen Gino und Sandra Antari lauteten.
Der Direktor der Fiatwerke in Florenz war ein intelligenter junger Mann, der unsere Fahrt nach Süden tatkräftig in die Hand nahm. Wir tauschten unser Auto gegen einen dunkelblauen Topolino. Der hintere Teil war voll mit Benzinkanistern. Ein deutscher Oberfeldwebel in Zivil sollte uns bis Monte Corona begleiten und dafür das Auto behalten dürfen, um sich damit nach Norden abzusetzen. Ein Auto war damals wertvoller als ein Brillant, und viele Deutsche überlegten bereits, wie sie das Frontgebiet verlassen und damit der Gefangenschaft entgehen könnten.
Wir fuhren bei Dunkelheit ab. Die Straßen nach Süden waren von Militärfahrzeugen verstopft. Ich glaube, unser Auto war das einzige Zivilfahrzeug, das in Richtung Front fuhr. Der Deutsche war sehr autoritär, ein echter Feldwebel. Er bestand darauf, selbst zu chauffieren, da wir sonst gestoppt würden.
Er fuhr sehr schlecht. Wir saßen alle drei zusammengepfercht auf den Vordersitzen. Bei jedem unnötigen und abrupten Bremsen warf Gianni den Blick zum Himmel und drückte meinen Arm. Zwei- oder dreimal versuchte man, uns aufzuhalten. Deutsche Soldaten mit einem Metallschild um den Hals kontrollierten Autopapiere und Ausweise. Unser Feldwebel sprang jedesmal aus dem Auto, rannte mit erhobenen Fäusten auf den Soldaten zu und schimpfte, was das Zeug hergab. Ich habe keine Ahnung, was er brüllte, aber jedesmal durften wir passieren. Es waren nur Deutsche unterwegs. Die Kolonnen hörten über-

haupt nicht mehr auf. Wir beschlossen, auf eine Nebenstraße auszuweichen, auf der vielleicht weniger Verkehr herrsche.
Wir mußten fahren, solange es dunkel war, denn bei Tag wäre unser Auto aufgefallen, und wir hätten eine Beschlagnahme riskiert. Wir fuhren nun auf einer Straße, die an einem Kanal entlang lief. Der Feldwebel war sehr müde; von Zeit zu Zeit rieb er sich die Augen, um sich wachzuhalten oder um die Anstrengung der Nachtfahrt zu demonstrieren. Gianni versuchte noch einmal, von ihm ans Steuer gelassen zu werden. Er wollte nichts davon wissen.
Plötzlich hörte ich Gianni schreien: »Vorsicht!«, und eine Sekunde später stürzte das Auto kopfüber in den Kanal. Ich hatte die Hand aus dem Fenster gestreckt, um mich am Dach festzuhalten. Als das Auto seitlich aufschlug, hörte ich sie krachen.
Der Kanal führte wenig Wasser, und wir konnten aus den Türen herauskriechen.
»Hast du dir wehgetan?« fragte Gianni besorgt.
»Ich muß mir die Hand gebrochen haben. Und du?«
»Mir hängt ein Fuß weg.«
Ich schaute mir sein Bein an. Es stimmte, der Knöchel war abgebrochen, und der Fuß hing lose herunter. Gianni lag auf dem Rücken im Flußkies. Sein Gesicht spiegelte nicht Zorn, sondern den Ausdruck totaler Niederlage.
»So ein Arschloch«, sagte er. »Ich wußte es. Ich habe es ihm doch gesagt.«
Kein Auto kam vorbei. Der Feldwebel und ich gingen zu einem Haus in der Nähe, aber als die Leute deutsch reden hörten, weigerten sie sich aufzumachen. Ich beschwor meinen Begleiter, zu Gianni zurückzukehren, und rief die Hausbewohner von neuem: »Ich bitte Sie, machen Sie auf. Wir haben einen Unfall gehabt. Mein Bruder ist verletzt, er ist Ita-

liener und ist völlig durchnäßt. Lassen Sie ihn ins Haus, bis ich Hilfe gefunden habe.«

Gianni kam auf einem Bein hüpfend herein und streckte sich auf dem Boden aus. Er zitterte, und seine Lippen waren blau. Man zündete Feuer an, damit seine Kleider trocknen konnten. Ich fing an zu weinen. Gianni legte den Finger auf die Lippen und machte mir mit dem Kopf ein Zeichen, daß ich mich nicht so benehmen dürfe.

Er lächelte. Ich sah, daß er starke Schmerzen hatte, aber er sagte kein Wort. Das nächste Krankenhaus war in Foiano della Chiana, ein paar Kilometer entfernt. Ich fragte mich, wie wir ihn dort hinbringen sollten. Unser Auto lag im Kanal mit den Rädern in der Luft, und keine Menschenseele kam vorbei. So machten wir uns, der Feldwebel und ich, Arm in Arm in der Dunkelheit auf die Suche nach jemandem, der uns helfen könnte.

Endlich sahen wir ein Auto am Straßenrand, in dem zwei deutsche Soldaten auf den Vordersitzen schliefen. Mein Begleiter redete sie an, aber sie gaben keine Antwort. Er packte den, der über dem Steuerrad schlief, beim Schopf, zog ihn hoch und schaute ihm ins Gesicht, während er ihm erklärte, worum es ging. Der Junge öffnete die Augen, hörte zu, und als der Feldwebel ihn losließ, fiel sein Kopf wie eine reife Frucht aufs Lenkrad zurück, und er schlief sofort wieder ein. Wir gingen weiter. Ich trug Giannis Mappe unterm Arm, voller Tausend-Lire-Scheine, die ich nicht bei ihm hatte zurücklassen wollen. Wir stießen auf andere stehende Autos, andere schlafende Soldaten. Endlich fanden wir einen, der sich für Geld bereit fand, Gianni zu holen.

Wir brachten ihn zum Krankenhaus. Es dämmerte bereits, als wir an der Pforte ankamen. Zwei dürre alte Frauen mit sehr schmutzigen weißen Schürzen kamen heraus, um ihn mit einer Bahre zu holen.

Gianni blinzelte mir zu: »Glaubst du, daß die das schaffen? Die sind bestimmt schon neunzig.«
Sie stellten die Bahre im Gang auf den Boden, wo bereits andere Verwundete lagen, und ließen uns stehen.
Der deutsche Oberfeldwebel sagte zu mir, er wolle versuchen, das Auto zu bergen und nach Florenz zurückzufahren. Wenn ihm das gelänge, würde er Fiat von dem Vorfall unterrichten. Ich verabschiedete mich von ihm.

Es gab keinen elektrischen Strom. Ganz nah hörte man Lärm von Geschützen, Brückenexplosionen. Die Front mußte nur wenige Kilometer entfernt sein. Das erklärte auch die Müdigkeit der im Auto schlafenden deutschen Soldaten, die so erschöpft waren, daß sie nicht einmal den Rückzug versuchten. Sie kamen sicher von der Front.
Ich fragte nach einem Arzt. Man sagte mir, er schlafe, er sei todmüde; er habe den ganzen letzten Tag und die ganze Nacht operiert und dürfe jetzt nicht gestört werden. Gianni fing wieder an zu zittern, und man warf ihm eine Decke über. Eine Stunde nach der anderen verging; er hatte nie geklagt, aber jetzt zupfte er mich am Rock und sagte: »Bitte, Suni, tu was, ich halte es nicht mehr aus.«
Ich ging in das Zimmer, in dem der Arzt schlief. Er setzte sich im Bett auf. Er hatte einen runden Kopf mit ganz kurzen, fast abrasierten grauen Haaren. Erstaunt sah er mich an. Ich bat ihn, zu meinem Bruder zu kommen, er habe den Fuß gebrochen und halte es vor Schmerzen nicht mehr aus. Er sagte mir, daß er gar nichts machen könne. Es gebe weder Wasser noch Strom, noch Verbandsmaterial. Ich schloß die Tür hinter mir und sah ihm ins Gesicht. »Hören Sie«, sagte ich, »wir versuchen, die Linien zu überqueren. Mein Bruder heißt Giovanni Agnelli. Er ist Vizepräsident der Fiat-Werke. Wir reisen mit falschen Papieren. Wenn Sie wollen, können

Sie uns bei den Deutschen denunzieren, wenn nicht, dann müssen Sie versuchen, meinem Bruder das Bein zu retten.«
Er fuhr sich mit der Hand über den rasierten Schädel und massierte ihn von der Stirn bis zum Nacken.
»Ich muß darüber nachdenken«, erklärte er.
Dann kam er, um sich Gianni anzuschauen.
»Wer gibt ihm die Narkose, wenn ich ihn operiere?«
»Ich bin Krankenschwester«, flüsterte ich erschrocken.
»Gut, wir machen die Operation, aber wir müssen warten, bis der Generator für die Röntgenaufnahme in Betrieb gesetzt ist.«
Ich legte Gianni die Maske aufs Gesicht und hielt in der anderen Hand die Flasche Chloroform, wie ich es im Operationssaal gesehen hatte. Bevor ich anfing, es aufzugießen, bewegte Gianni die Finger zum Zeichen des Grußes. Ich hatte Angst, ihn zu stark zu betäuben, so daß er hinterher vielleicht nicht mehr aufwachte; doch er rührte sich immer wieder, und der Arzt sagte: »Geben Sie ihm noch etwas.« Er nahm das ganze Sprungbein heraus und nähte danach den Fuß wieder zusammen. Er war sehr zufrieden mit seiner Operation, und ich war sehr glücklich, daß Gianni noch lebte.
Wir legten ihn in ein Bett, und ich betete darum, daß die Alliierten kämen.

Gianni wachte wimmernd auf. »Mineralwasser«, wiederholte er unaufhörlich. Er bewegte sich unruhig und warf den Kopf hin und her. Ich hielt ihn an den Schultern im Bett fest. Die beiden Alten waren die einzigen Pflegerinnen. Das Krankenhaus schien in erster Linie eine Art Wartesaal zu sein. Ich glaube, alle, die in diesem Gebiet des Chianti-Tals noch lebten, hatten sich unter irgendeinem Vorwand dorthin geflüchtet, in der Meinung, das Spital sei der sicherste Ort, die Ankunft der Alliierten zu erwarten. Sie saßen auf den Stufen, füllten die Gänge, drängten sich in der Eingangshalle.
Professor Cirillo war ein außergewöhnlicher Mann. Er wirkte nach außen hart und streng, hatte ein Seehundsgesicht, kleine Äuglein und rundliche Wangen. Im Grund war er die Güte selbst, und ich sagte mir immer wieder, was für ein Glück wir gehabt hatten, ihm zu begegnen. Er kam in unser Kämmerchen, legte die Hand auf Giannis Stirn und tröstete mich: »Es wird gutgehen; Sie werden sehen.«
»Gibt's was Neues?« fragte mich Gianni.
»Sie sagen, die Alliierten würden bald kommen.«
»Glaubst du's?«
»Ich weiß nicht.«
Ich hörte, wie im Gang Unruhe aufkam. Zwei junge Männer in Zivil gingen in alle Zimmer.

»Da ist er endlich«, riefen sie, als sie in unser Zimmer traten... Mir blieb das Herz stehen. Sie wandten sich an mich: »Wir sind mit einem Sanitätswagen gekommen, um Sie nach Florenz zu transportieren.« Es waren zwei Ingenieure von Fiat.
»Nicht nach Florenz, zu diesem Zeitpunkt.«
Sie traten zu Gianni. »Avvocato«, baten sie, »Sie müssen mit uns fahren, es ist zu gefährlich für Sie hierzubleiben. In ein paar Tagen wird man nirgends mehr durchkommen. Daß wir diesen Ambulanzwagen gefunden haben, war fast ein Wunder, denn die Deutschen beschlagnahmen alle. Sie müssen in ein Krankenhaus, in dem Sie besser versorgt werden können.«
Gianni stimmte zu. Ich versuchte Einwände vorzubringen. Sie überredeten mich, indem sie auf Giannis Zustand hinwiesen, auf das Fieber, das nicht herunterging, und darauf, daß man überhaupt nicht wisse, was die Alliierten vorhätten. Sie konnten innerhalb eines Tages, einer Woche oder auch später eintreffen – wer vermochte es zu sagen?
Wir legten Gianni auf eine Bahre und zwängten uns in den Sanitätswagen. Ich verabschiedete mich von Professor Cirillo mit Tränen in den Augen. Ich hoffe, er begriff, wie sehr ich ihm mein Leben lang dankbar sein würde. Wir warteten, bis es dunkel wurde, bevor wir in Richtung Norden aufbrachen. Solange es hell war, schossen die Flugzeuge ohne Unterbrechung. Dann reihten wir uns in eine Militärkolonne ein und fuhren im Schneckentempo auf der einzigen Straße, die nach Florenz führte. Alle zehn Minuten wurden wir angehalten. Deutsche Soldaten erschienen an den Fenstern.
Gianni fieberte immer stärker. Zweimal wurden »Christbäume« abgeworfen, die den Himmel erhellten, und danach fielen Bomben. Die Soldaten sprangen aus den Autos und warfen sich in den Straßengraben. Ich blieb neben Gianni

sitzen. Wir konnten die Bahre nicht in den Straßengraben schleppen; so blieben wir und warteten in der Hoffnung, nicht getroffen zu werden. Als im Morgengrauen die Bäume des Viale Michelangelo auftauchten und wir in die Straße des Istituto Ortopedico Toscano einbogen, schien es, als wären wir ein ganzes Jahr unterwegs gewesen.
Die beiden Fiat-Ingenieure, die ihr Leben riskiert hatten, verabschiedeten sich höflich und gingen.
Ich duschte mich und genoß den Wasserstrahl auf meiner Haut.

Wir hatten ein großes Zimmer mit zwei Betten und einem Fenster, das auf den Park hinausging. Dahinter lag der Viale Michelangelo. Viele Ärzte untersuchten Giannis Wunde, und alle waren sich darüber einig, daß die Operation geglückt sei. Sie stopften Gianni mit Medikamenten voll, aber er hatte weiter Fieber und mußte unbeweglich im Bett liegenbleiben.
In Florenz ließ ich auch meine gebrochene Hand behandeln. Ich hatte in Giannis Koffer einen Schlafrock mit rotem Schottenkaro gefunden, den ich anzog, weil es so schwierig war, mit der eingegipsten Hand in einen normalen Ärmel zu schlüpfen.
Eines Nachmittags sagte Gianni mit unendlicher Wehmut zu mir: »Meinst du, daß du etwas anderes zum Anziehen finden könntest als diesen Morgenrock? Er erinnert mich an eine Person, die ihn immer getragen hat, und das ist so ein komisches Gefühl.«
Er entschuldigte sich und war verlegen, eine Gefühlsbewegung eingestehen zu müssen. Er hielt das für geschmacklos.
Die Tage zogen sich endlos hin. Ich hatte nichts zu lesen; ich schrieb und zerriß das Geschriebene hinterher.
Gianni redete wenig. Es war für ihn unerträglich, sich in einer hilflosen Lage zu befinden, und die Tatsache, das Bett

nicht verlassen zu können, stürzte ihn in eine Art kontemplativer Melancholie. Er fragte mich nach Neuigkeiten: ich wußte keine.

Eines Nachts wurde das Krankenhaus bombardiert, und am nächsten Tag transportierte man uns auf die andere Arno-Seite, in eine Pension gegenüber dem Ponte Vecchio. Kurz darauf wurden wir zu einer weiteren Umsiedlung gezwungen, als die Deutschen alle Brücken in die Luft sprengten und die Räumung sämtlicher Gebäude im Bereich um den Ponte Vecchio anordneten. Die Häuser sollten zerstört werden und die Trümmer dazu dienen, den Vormarsch der Alliierten zu behindern.

Zu diesem Zeitpunkt gab es in ganz Florenz keinen Sanitätswagen mehr. Man transportierte Gianni auf einer Art Bahre, die auf zwei riesigen Rädern montiert war; zwei Männer der Misericordia-Bruderschaft in ihren alten Pestkapuzen schoben den Karren. Dieses seltsame Gefährt stammte aus dem Museo della Misericordia, in dem die alten Transportmittel zur Beförderung der Kranken aufbewahrt wurden. Die Umstände zwangen jetzt dazu, sie wieder in Gebrauch zu nehmen.

Auf den Straßen hielten uns die Leute für einen Leichenzug. Sie blieben stehen, die Frauen schlugen das Kreuz. Ich ging hinter den Kapuzenmännern drein und hoffte, von niemandem erkannt zu werden; es war Mittag und die Via Tornabuoni voller Menschen.

Wie durch ein Wunder hatte man für uns ein Zimmer in der Klinik der Blauen Schwestern gefunden. Wir konnten dort zwar nicht verpflegt werden, aber wir waren schon glücklich, wenigstens ein Bett zu haben. Vormittags kam eine alte Krankenpflegerin, um uns etwas zu essen zu bringen und ein paar kleine Arbeiten zu verrichten. Gianni nahm sie ein bißchen auf den Arm und machte ihren toskanischen

Dialekt nach: »Wann kommen denn endlich diese Aliierten?« fragte er. »Das wird wohl noch ein Jahr dauern«, antwortete sie.
In Wirklichkeit spürte man jedoch, daß die Befreiung nahe war.

Florenz war Niemandsland. Deutsche und faschistische Scharfschützen, man sagte zweihundert, hatten sich in Häusern installiert, die an den Ausfallstraßen lagen. Sie schossen auf jeden, der ihnen vor den Lauf kam. Die Leute wagten sich nur noch in die Innenstadt, wo sie sich vor diesen Fensterschützen sicher fühlten. Es lief kein Wasser: man mußte es aus den alten Ziehbrunnen holen. Ich verbrachte viele Stunden damit, in einem Garten in Kliniknähe den vollen Kübel aus dem Brunnen hochzuziehen und das Wasser in die Gefäße, Töpfe, Karaffen oder Eimerchen der Frauen zu verteilen.
»Du bist Kommunistin, nicht wahr?« flüsterte mir eines Tages eine alte Frau zu. »Du bist gut.«
Ich lachte. »Ich trage zwar eine rote Bluse, aber ich bin keine Kommunistin.«
Sie strich mir voll Vertrauen und Zärtlichkeit übers Haar. »Du bist Kommunistin«, wiederholte sie.
Alle Mädchen und jungen Frauen, denen man auf der Straße begegnete, trugen eine Armbinde mit dem Roten Kreuz. Es waren improvisierte Krankenschwestern, denn es kursierte das Gerücht, die Deutschen ließen die Krankenschwestern in Ruhe. Sicher wunderten sie sich über diese plötzliche Schwesterninvasion.
Ab und zu traf ich eine Freundin. Alle arbeiteten für den

CLN, das Nationale Befreiungskomitee. Sie verteilten Blätter mit den Nachrichten von Radio London an die Leute, die um Wasser anstanden.

Am Abend zog ein Frater mit einem Handkarren durch die Straßen, um die Toten aufzulesen. Er schwenkte ein Glöcklein, das einen schrillen, durchdringenden Ton von sich gab. Die Leichen wurden aufeinandergelegt, eine über die andere: ein herunterhängender blutüberströmter Kopf hinterließ eine lange rote Spur auf der Straße. Man erzählte sich, daß auf dem Friedhof die stehengelassenen Särge in der Augusthitze bersten würden.

Die Ärzte versteckten sich, denn die Deutschen verschleppten sie nach Norden. Gianni wurde von dem alten Professor Palagi betreut, dessen Finger teilweise von Röntgenstrahlen verstümmelt waren. Er kam zu Fuß im weißen Kittel, und mit den Resten seiner Hände versorgte er Gianni. Die Wunde besserte sich, aber die Infektion war immer noch vorhanden und das Fieber auch.

Eines Morgens fragten mich die Nonnen, ob ich bereit wäre, die Rotkreuzflagge vor einer Bahre herzutragen, die in eine der unter Beschuß stehenden Straßen gebracht werden müsse. Eine hochschwangere Frau war vor die Tür getreten, um nach ihrem Mann, der etwas Gemüse für sie auftreiben wollte, Ausschau zu halten. Ein Scharfschütze hatte auf sie geschossen. In der Klinik, in die man sie gerade noch bringen konnte, war sie gestorben, und die Schwestern wollten die Tote nicht länger im Haus behalten. Wenn ich mit der Rotkreuzfahne vorausginge, würden die Krankenträgerinnen die Bahre mit der Leiche der Frau transportieren. Ich sagte ja, holte meine Rotkreuzuniform aus dem Koffer – zum ersten Mal, seit ich Rom verlassen hatte – und zog sie an.

Wir gingen los. An der Kreuzung schwenkte ich die Fahne, bevor wir um die Ecke bogen und unseren Weg auf dem

Gehsteig fortsetzten bis zu dem Hauseingang, den man mir bezeichnet hatte. Ich hörte, wie die Mädchen hinter mir mit den Zähnen klapperten und Gebete murmelten, während sie die schwere Bahre trugen. Das Tor war angelehnt und der Hausflur voller Menschen.

Die Mutter der Toten schluchzte: »Was wird ihr Mann sagen, wenn er heimkommt? Er ist nur weggegangen, um etwas Gemüse zu suchen!«

Wir verließen das Haus, und hinter der Straßenbiegung stießen wir auf zwei Partisanen. Sie trugen die grün-weiß-rote Armbinde und waren bewaffnet.

»Tun Sie uns einen Gefallen, Schwester?« fragten sie mich. »Könnten Sie zu dem letzten Haus da hinten gehen, die Treppen hoch bis zu diesem halboffenen Fenster, das müßte der dritte Stock sein, und die Läden aufstoßen, damit wir bestimmt wissen, daß dort keiner ist?«

Ich war etwas erstaunt. »Warum geht ihr denn nicht selber hin?« fragte ich. »Auf uns würde man schießen, wir sind Partisanen. Auf Sie schießt man nicht.«

»Man hat vor kurzem auf diese schwangere Frau geschossen, die wir eben tot nach Hause gebracht haben.«

»Ach, schon gut, Sie haben Angst. Es ist nicht wichtig.«

Ich machte kehrt, lief die Straße hinunter, immer an den Hausmauern entlang, ging in die verlassene Eingangshalle des bezeichneten Gebäudes, die Treppen hinauf, dann in die Wohnung im dritten Stock, deren Tür weit offen stand. In einem Zimmer lagen in großer Unordnung leere Schnapsflaschen, Handgranaten und Munition herum. Ich trat zum Fenster und stieß die Läden auf. Dann füllte ich mir die Taschen mit Patronen und versteckte zwei Handgranaten unter der Schürze. Ich ging zurück und übergab sie den Partisanen. »Vielleicht braucht ihr sie«, sagte ich. »Auf alle Fälle könnt ihr unbesorgt sein: dort ist niemand.«

Ab und zu ratterte ein Wagen durch eine leere Straße. Man hörte ihn schon von weitem, lange bevor man das erdfarben getarnte Fahrzeug, besetzt mit müden, angespannten und verzweifelten jungen Männern, sah. Es waren abziehende deutsche Soldaten. Die Traurigkeit dieser gequälten Augen ließ mich nicht los. Nichts ist bedrückender als der Anblick eines geschlagenen Heeres auf dem Rückzug, auch wenn der Rückzug der Deutschen für uns die Befreiung und, wie die meisten hofften, das Ende des Krieges bedeutete.

Eine der falschen Krankenschwestern in ihrer Phantasieuniform (sie trug ein blau-weiß kariertes Kleid mit einer gestickten Schürze) bat mich, ins Lazarett zu kommen und ihr zu helfen. Die Partisanen hatten dort einen leeren Saal für ihre Verwundeten organisiert. Mitglieder des CLN mit grün-weiß-roter Binde am Arm begannen sich nun immer häufiger in der Öffentlichkeit zu zeigen und alle zu bedrohen, die mit den Faschisten der Republik von Salò kollaboriert hatten.

Als ich ins Lazarett kam, war in dem Saal nur ein einziges Bett belegt. Es handelte sich um einen Schwerverletzten. Ein junger Arzt und die blau-weiß karierte Krankenschwester mühten sich mit ihm ab; sie hatten ihm eine große Nadel in den Oberschenkel gestochen, um eine subkutane In-

fusion vorzunehmen. Die Flüssigkeit lief nicht herunter; sie wurden nervös.
Eine andere als Rotkreuzschwester verkleidete Frau erschien.
Ich stand etwas abseits.
»Ihr müßt die Ampulle absägen«, sagte ich, »sonst läuft die Flüssigkeit nie herunter.«
»Dem Jungen geht es sehr schlecht«, fügte ich hinzu, »warum holt ihr keinen Arzt vom unteren Stock? So könnt ihr weder ihm noch anderen helfen. Ihr habt keine Instrumente, kein Verbandszeug, keine Ausrüstung.«
»Wir sind Partisanen«, erklärten sie voll Stolz. »Die unten haben mit den Faschisten zusammengearbeitet, die wollen wir nicht.«
Ich schwieg. Dem Jungen ging es immer schlechter. Schließlich meinten sie, es sei vielleicht doch besser, einen Arzt zu rufen.
Ich ging in den ersten Stock hinunter: alle waren im Operationssaal. Ich machte der Stationsschwester, die mich mißtrauisch musterte, ein Zeichen.
»Wer sind Sie?«
»Ich bin Krankenschwester«, antwortete ich.
»Schon wieder eine? Es gibt Dutzende von nie gesehenen falschen Krankenschwestern. Was wollen Sie?«
»Ich bin eine echte, diplomierte Krankenschwester. Oben liegt ein verwundeter junger Mann, dem es sehr schlecht geht. Könnte vielleicht jemand kommen und nach ihm schauen?«
»Und warum bringt ihr ihn nicht in den offiziellen Krankensaal, anstatt solche Extrawürste zu braten?«
Wir einigten uns auf einen Kompromiß. Man schickte mich zu einer Privatklinik, in der ein Chirurg lag, ich glaube, er war Jude; er hatte sich den Blinddarm herausschneiden las-

sen, um nicht nach Norden verschleppt zu werden. Ich bat ihn, ins Krankenhaus zu kommen, wo er von den Partisanen gebraucht würde.

Er kam mit. Der Gang durch die Straßen war gefährlich wegen der Scharfschützen, und an jeder Kreuzung fingen wir an zu laufen. Als wir im Krankenhaus ankamen, applaudierten alle und umarmten den Chirurgen. Er hatte Tränen in den Augen. Ich erinnere mich nicht mehr an seinen Namen.

Ein Arzt, ein blasser Mann mit dunklen Ringen unter den Augen, stand zitternd im Hof. Die Partisanen schrien ihn mit »Faschist« an und brüllten, sie würden ihm den Prozeß machen. Keiner ging zu ihm hin. Er war wie ein Aussätziger. Nach und nach wurden mehr Verwundete gebracht. Die an den Fenstern postierten Faschisten waren ausgebildete Scharfschützen. Sie trafen ihre Opfer dort, wo die Überlebenschancen am geringsten waren: im Unterleib.

War die Verletzung leicht und hatte der Partisan nicht kurz vorher gegessen, bestand eine geringe Hoffnung auf Heilung. Hatte er aber gerade etwas zu sich genommen und das Geschoß die Eingeweide an mehr als einem Punkt durchbohrt, dann war die Verletzung fast immer tödlich. Nach der Operation kam eine Bauchfellentzündung hinzu, und das war das Ende.

Auf den Armen trugen sie einen jungen Mann herein und legten ihn auf die Liege im Verbandsraum. Ein Mädchen stand neben ihm. Beide waren extrem mager, grau im Gesicht und armselig gekleidet. Die beiden schauten sich wortlos an. Sie hielt ihm nicht die Hand.

»Ist das Ihr Bruder?« fragte ich.

»Nein, das ist mein Freund«, antwortete sie und blickte ihm weiter stumm in die schmerzerfüllten Augen. Kurz darauf starb er.

Dann kam eine Gruppe junger Männer mit einem verwundeten Kameraden. Sie waren laut, aufgeregt und bewaffnet. Einer von ihnen ging in dem Verbandsraum, in dem der Verwundete auf der Liege darauf wartete, untersucht zu werden, zum Fenster, öffnete es und fing an, nach draußen zu schießen.
»Hören Sie mit der Schießerei auf!« sagte ich.
»Und warum? Haben Sie Angst?«
»*Sie* haben Angst, wenn Sie aus einem Krankenhausfenster schießen.« Er wurde wütend und ich auch. Doch er hörte auf zu schießen.
Ein Kind hatte eine Verletzung am Kopf: es war angeschossen worden, als es aus dem Fenster schauen wollte. Zum Glück hatte das Geschoß den Kopf nur gestreift.
An den Häusern der Ausfallstraßen waren alle Türen und Läden geschlossen. Die Menschen drängten sich in den Hausgängen zusammen und wagten kaum, sich zu rühren.
Ich hielt Gianni über die Ereignisse auf dem laufenden. Ab und zu kam auch jemand, um ihn zu besuchen. Die Leute begannen allmählich, aus ihren Verstecken hervorzukommen, und es herrschte eine Atmosphäre, gemischt aus Fröhlichkeit, Angst und Verwunderung über die Alliierten, die immer noch auf sich warten ließen.
Im Lazarett lagen viele Soldaten, die zu einem Zeitpunkt verwundet worden waren, als wir noch mit den Deutschen zusammen kämpften; sie befanden sich seit Monaten hier. Sie waren zwangsläufig vernachlässigt worden, als die verwundeten Partisanen die Krankensäle zu füllen begannen. Die Schwestern waren völlig überarbeitet.
Eines Nachmittags, als alle sich ausruhten, kam ein junger Soldat zu mir und bat mich, ihm den Verband am Arm zu wechseln. Er setzte sich auf die Liege und drehte den Kopf zur Wand. Ich begann die Binde abzunehmen und sah mit

Entsetzen, daß die ganze Wunde von weißen Würmern bedeckt war. Nur mit Mühe konnte ich einen Schrei zurückhalten; mir zitterten die Hände. Der Soldat sah mich mit flehenden Augen an.
Ich wechselte ihm den Verband und tat so, als sei alles in Ordnung. Er bedankte sich, und ich bin fast vor Scham gestorben.

Endlich waren sie da! Die Alliierten!
Der erste, den ich zu Gesicht bekam, war ein schottischer Offizier im Kilt. Er war angeschossen worden, während er eine Straße entlangging, und man hatte ihn ins Krankenhaus gebracht. Die Italiener konnten es gar nicht glauben, daß es wirklich Soldaten gab, die im Rock in den Krieg zogen. Sie hielten das für ein Märchen und starrten den Schotten verwundert an.
Alle Kirchenglocken läuteten, und die Menschen stürzten auf die Straßen. Im Triumphzug ging es zum Palazzo Vecchio, die Leute schwenkten rote Fahnen, schrien, pfiffen und tanzten. Man sagte mir, ich solle doch den Schleier abnehmen, heute sei der Tag der Freiheit. So zog ich mit, in Schwesterntracht ohne Kopfbedeckung, bis mich eine der alten Herzoginnen des Roten Kreuzes erspähte und mich anwies, sofort umzukehren und meinen Schleier zu holen. Sie sagte, das sei ein scheußlicher Zug mit all diesen roten Fahnen. Sie hätte ihn schon einmal gesehen, nach dem Ersten Weltkrieg.
Ich kümmerte mich jedoch überhaupt nicht um ihr Gerede. Ich war glücklich, endlich, endlich, endlich!
Über die Jeeps wunderte ich mich sehr. Wer weiß, warum ich mir immer vorgestellt hatte, die Alliierten würden in großen amerikanischen Limousinen vom Typ Cadillac an-

kommen. Statt dessen fuhren sie in diesen offenen kleinen Wagen, die wie Spielzeugautos aussahen.

Der Geruch dieser Soldaten war neu und unverwechselbar: ein Geruch nach Seife und starkem Tee. Sie kamen über die Brücke, die sie über den Arno gelegt hatten, nach Florenz und fuhren mit ihren Jeeps durch sämtliche Straßen der Stadt. Die Leute küßten sie, berührten sie, bewunderten sie. Sie sahen zufrieden aus, etwas schüchtern und wenig überzeugt von all dieser Zuneigung.

Auf dem Rückweg zur Klinik der Blauen Schwestern sah ich einen Jeep, der mir langsam entgegenfuhr, und ich schaute mir den Offizier, der in amerikanischer Uniform am Steuer saß, genau an.

»Puccio!« rief ich.

Der Wagen hielt. Ich konnte es nicht glauben. Es war Puccio Pucci, der zu seinem Palazzo in der Via Pucci fuhr.

»Suni!« Er war noch überraschter als ich. »Aber was machst du denn hier?«

»Und du?«

Ich kletterte auf den Jeep, und wir erzählten. Ich berichtete ihm von Gianni und von Emilio und er mir vom Süden und vom Krieg. Ich sagte ihm, daß ich so schnell wie möglich nach Rom wollte, aber angeblich würden auf Wochen hinaus keine Passierscheine ausgestellt werden.

»Mach dir keine Sorgen«, sagte er, »ich fahre übermorgen zurück. Zieh dich als Rotkreuzschwester an, ich nehm dich mit. Niemand wird einen Passierschein von dir verlangen.«

Ich lief nach Hause, um Gianni davon zu unterrichten. Zwar ließ ich ihn nicht gern zurück, aber in Rom würde ich mit Leuten in Verbindung treten können, die vielleicht die Möglichkeit hatten, ihn holen zu lassen. Er war einverstanden. Obwohl es seinem Bein jetzt besser ging, konnte er sich

nur mühsam und auf Krücken bewegen. Aber inzwischen waren die Freunde von Fiat wieder da, und es gab viele Menschen, die ihn besuchten.
Der Alptraum war zu Ende.

Ich saß auf dem Jeep, der blaue Seidenschleier flatterte im Wind, und ich war aufgeregt wie ein Kind, das zum ersten Mal fortfahren darf. Wir überquerten den Arno auf der von den Alliierten errichteten Brücke, an der Stelle, an der früher die Brücke Santa Trinita gestanden hatte. Den Fluß entlang glich Florenz einem Trümmerfeld, aber die Leute liefen fröhlich darin herum. Farben leuchteten an jeder Ecke.
Ich war unglaublich gespannt auf dieses Alliierten-Heer, das ich mit solcher Sehnsucht erwartet hatte. Es war wie ein Rendezvous mit einem Unbekannten, den man sich als Märchenprinz vorstellt.
Ich wurde nicht enttäuscht. Als erstes wunderte ich mich über die Unzahl von Soldaten, die im übrigen gar nicht den Eindruck machten, als ob sie sich im Krieg befänden. Mir kam es vor wie eine glanzvolle Parade, ein wunderbarer Umzug, ein Film. Alle trugen Uniformen aus dem sehr hellen, sehr sauberen cremefarbenen Stoff. Sie waren blond, wohlgenährt und glattrasiert. Man merkte, daß es ihnen gut ging. Es gab Braune, Weiße, Gelbe und Schwarze. Sie lachten.
Wir fuhren in Richtung Süden, das Land war grün, die Sonne strahlte.
Niemandem kam überhaupt der Gedanke, daß uns ein Flug-

zeug beschießen könnte. Wenn wir Benzin brauchten, fuhren wir zu einer Militär-Tankstelle und ließen den Tank füllen. Wenn wir Durst hatten, machten wir Halt, und man brachte uns Tee: guten, starken, dunklen Tee mit Milch und Zucker. Pucci bekam Bier serviert, und beide erhielten wir schneeweiße Butterbrote und dazu Dosen mit Corned Beef, auf das ich ganz versessen war. Alle waren freundlich, niemand stellte Fragen oder verlangte Papiere. Die Soldaten scherzten, plauderten, spielten. Ich kam gar nicht wieder zu mir. Auch so konnte der Krieg sein.

Die Dörfer, durch die wir fuhren, lagen in Trümmern. Man begriff nicht, wie jemand dort noch leben konnte.

Wir kamen nach Rom, Puccio brachte mich zu unserem Haus. Ich klingelte, und ein englischer Soldat machte mir auf. Er war groß, blasiert und dienstbotenhaft; er fragte mich, was ich wolle. Ich starrte ihn verblüfft an, er starrte zurück. Er sprach mit einem Cockney-Akzent, den er durch ein snobistisches Nuscheln zu mildern versuchte.

»Das ist unser Haus«, sagte ich.

»Es ist vom Alliierten Oberkommando beschlagnahmt worden«, nuschelte er, »und jetzt Wohnsitz von Colonel Astley.«

»Signorina Suni!« In diesem Augenblick stürmte Pasquale herbei, und Pasqualina kam mit den Kindern die Treppe heruntergerannt. »Kommen Sie herein! Reden Sie einfach mit dem Colonel, wenn er später nach Hause kommt. Sie können sich bestimmt mit ihm einigen. Er und der kleine Captain sind ganz reizend, echte ›Signori‹.«

In unserer Abwesenheit war also das Haus von den Allliierten beschlagnahmt worden. Pasquale hatte man als Hausmeister und Koch behalten, als Gegenleistung wurden er und seine ganze Familie mit verköstigt. Der Colonel schlief

in Mamas Zimmer, der Captain in meinem, in dem gleichen Zimmer, in dem ich in den Tagen meiner roten römischen Sonnenuntergänge gebüffelt hatte.
Ich erwartete sie auf der Terrasse stehend, müde und etwas beunruhigt – ein ungebetener Gast im eigenen Haus.
Sie kamen am späten Nachmittag. Colonel Astley war ein schöner Mann mit grauen Schläfen. Er war Chef des Pressedienstes der Alliierten. Sein Adjutant, der junge Captain, sah ganz unbritisch aus und hieß Patrick Henderson. Wir betrachteten einander mit einem gewissen Mißtrauen.
»Möchten Sie eine Zigarette?« der Captain hielt mir das Päckchen hin.
»Danke, ich rauche nicht.«
»Möchten Sie einen Drink?«
»Danke, ich trinke nicht.«
Wir saßen schweigend und verlegen da. Im Grund hätte ich gern geraucht und gern etwas getrunken; es hätte die Begegnung wesentlich erleichtert.
»Woher kommen Sie?« fragten mich die beiden nach einigen Minuten.
»Aus der Schweiz. Ich bin durch den Maschenzaun geschlüpft, und dann haben wir versucht, die Linien zu überqueren. Aber wir hatten einen Autounfall. Mein Bruder ist in Florenz geblieben.«
Ich muß einen ziemlich verzweifelten Eindruck gemacht haben, weil sie mir freundlich erklärten, sie würden zusammen im Zimmer meiner Mutter schlafen, und ich könnte inzwischen das andere Zimmer bewohnen, bis man eine Lösung gefunden habe. Ich bedankte mich sehr höflich, und sie luden mich zum Abendessen ein. Gegessen wurde im runden Salon, der auf den Garten hinaus geht; der Bursche namens Smith assistierte Pasquale beim Servieren. Auf dem Tisch brannten Kerzen.

Pasqualina hielt mich auf dem laufenden. Smith hatte sie gefragt, wie alt ich sei, und als sie antwortete »zweiundzwanzig«, war er sehr erstaunt, denn der Captain dächte, ich sei dreißig, und behauptete, ich benähme mich wie vierzig.
Im Bett schlief ich vor Müdigkeit sofort ein.
Ich erwachte in der lauen Luft eines römischen Spätsommertages und wußte lange nicht, wo ich war.

Ich hatte immer noch nichts anderes anzuziehen als einen Rock und zwei Blusen, die Berta mir geliehen hatte, als ich nach meinem Grenzübertritt aus der Schweiz kurz bei ihr gewesen war. Dafür verfügte ich aber über ein Fahrrad und die uneingeschränkte Nutzungsmöglichkeit eines Telefons. Die Alliierten hatten nämlich bereits nach ein paar Tagen gemerkt, daß alle Bewohner Roms die Hälfte ihrer Zeit am Telefon verbrachten. Sie erließen eine Verfügung, daß jedem, der länger als drei Minuten telefoniere, der Anschluß gesperrt werden sollte. Diese Verordnung brachte es fertig, die Lebensgewohnheiten der Römer zu ändern. Sie mußten etwas zu tun finden für die langen Stunden, die sie sonst so angenehm verbracht hatten.
Im Krankenhaus traf ich meine alten Kolleginnen wieder. Sie erzählten mir, die Krankensäle seien voll von Verletzten aus Verkehrsunfällen, voll überfahrener Kinder. Es gebe keine Medikamente, keine Gipsbinden, alles müsse für teures Geld am Schwarzmarkt gekauft werden. Die Betreuung sei miserabel.
Zuhause profitierte ich von meinem privilegierten Telefon und rief meinen Helden an. Ich wußte von Puccio, daß er für die Alliierten arbeitete. Ich hatte große Lust, ihn zu sehen. Es war ein schöner Gedanke, einen mutigen und vernünftigen Freund hier zu haben, mit dem man sich aussprechen

konnte. Ins spanische Gefängnis hatte ich ihm einen Brief geschrieben und ihm gesagt, ich sei davon überzeugt, daß er sich richtig verhalten habe; wenn auch viele ihn kritisierten, ich würde ihn verstehen.
Er war selbst am Apparat.
»Hallo«, sagte ich etwas aufgeregt, »hier ist Suni.«
»Wie geht es dir?« offensichtlich war er überrascht, und seine Stimme klang sehr kühl. »Wie geht es deiner Mutter? Deinen Geschwistern? Woher kommst du überhaupt?«
Ich wollte antworten, aber er unterbrach mich sofort: »Ciao, ich kann nicht länger als drei Minuten sprechen, sonst nimmt man mir den Anschluß.«
»Sei unbesorgt, ich hab' einen alliierten Oberst im Haus. Ich kann telefonieren, so lange ich will.«
»Aber ich nicht. Ich rufe dich nächste Woche mal an!« Und damit legte er auf.
Ich warf den Kopf auf die Sessellehne und schluchzte lange und verzweifelt. Ich fühlte mich allein, verlassen, verwaist und unerwünscht. Ich verabscheute die Welt, die Männer im allgemeinen und meinen Marinehelden im besonderen, den ich als einen mutigen und verständnisvollen Menschen im Herzen bewahrt hatte, während er in Wirklichkeit nur egoistisch und eingebildet war. Immer wieder fing ich an zu heulen; schließlich hörte ich auf, weil ich ein Bad nehmen mußte, um mit meinen englischen Hausbesitzern zu Abend zu essen.
»Na, was haben Sie heute gemacht?« fragten sie, um eine gesellschaftliche Konversation in Gang zu bringen.
»In erster Linie habe ich geweint.«
»Geweint? Warum?«
Ich erzählte den Grund, und sie lachten. Sie fragten mich, wie mein Held heiße, und der Name war ihnen bekannt.
»Sie können doch nicht wegen dieser pompösen Goldme-

daille weinen«, trösteten sie mich. »Außerdem, wenn er sich so benimmt, muß er ein Dummkopf sein.«
Ich stimmte ihnen zu, und wir begannen miteinander zu reden. Wir tranken Wein, und ich fing an, lustig zu werden. Ich machte Smith nach, wie er mich mit seinem gekünstelten Cockney an der Tür empfangen hatte.
Sie gestanden mir, daß ihnen nicht ganz wohl gewesen war, als sie mich in Schwesterntracht auf der Terrasse hatten stehen sehen. Dann berichteten sie mir von ihrer Arbeit, und ich erzählte ihnen mein Leben.
Nach diesem Abend luden sie ihre Freunde zum Mittag- und zum Abendessen ein. Generale, Schauspielerinnen, die für die Truppen spielten, Offiziere des Geheimdienstes, die von der Front kamen oder aus den Vereinigten Staaten. Ich saß am oberen Tischende, und meine beiden Engländer zogen mich auf, weil ich immer sofort nach dem Essen verschwand. Ich lernte, sitzen zu bleiben, während sie ihren Kaffee tranken und rauchten.
Wir vergaßen, eine Lösung für das Haus zu finden. Die augenblickliche Situation war ideal.
Natürlich verliebte ich mich in den »Capitanino«, wie ihn Pasqualina nannte.
Er hatte eine Freundin: eine italienische Schauspielerin – wie gehabt. Am Abend besuchte er sie; wenn er heimkam, rief ich ihn, und er setzte sich an mein Bett und plauderte, mit dem Whiskyglas in der Hand.
Er beschrieb mir den Augenblick, wenn er das Nachrichtenbulletin an die Reporter verteilte: alle rissen ihm das Blatt aus der Hand und stürzten zu den Telefonen, während er plötzlich allein und mit leeren Händen mitten im Zimmer stand.
Er ahmte die Leute nach, imitierte ihren Akzent, und da das etwas war, was wir gemeinsam hatten, verbrachten wir

Stunden damit, uns die lächerlichen Personen vorzumachen, denen wir im Laufe des Tages begegnet waren. Ich imitierte auch seine Freundin, die kein Englisch konnte und ihren Namen selbst in einen französischen Kosenamen umgewandelt hatte, der ihr wohl besonders exotisch vorkam. Aber bei diesen Szenen lachte Patrick weniger.
Der Colonel fuhr in Urlaub, und Patrick blieb in Rom. Wir tauschten die Zimmer: ich zog in das meiner Mutter und er in meines.

Auch meine Freunde wurden zum Essen eingeladen: Topazia, Galvano und natürlich Raimondo. Aber Raimondo haßte es, pünktlich zu sein, und meine Alliierten haßten es, wenn er zu spät kam; so verlief die Begegnung nicht sehr glücklich. Statt dessen kam er, wie es seine Gewohnheit war, mitten in der Nacht, um mich zu besuchen. Er streckte sich am Fuß des altgewohnten Bettes aus und beklagte sich, weil immer noch dieselbe Frau ihn um den Verstand brachte. Er war mit einem Radiosender aus dem Süden zurückgekehrt und hatte von einem Versteck aus Kontakt mit den Alliierten gehalten. Jetzt war er wieder in Zivil.
»Du kannst doch nicht so banal sein und dich in den englischen Offizier verlieben, der bei dir im Haus wohnt«, regte er sich auf. »Alle Frauen Roms befinden sich in der gleichen Situation. Ehrlich gesagt, das paßt nicht zu dir.«
Sicher war es ganz banal, aber es ist nun einmal so, daß die naheliegenden Dinge aus naheliegenden Gründen geschehen. Ein Offizier der Alliierten im August 44 in Rom war von einem Glorienschein von Freiheit und Frieden umgeben. Ist es möglich, sich nicht in Freiheit und Frieden zu verlieben?
Patrick lachte.
»Dummheiten«, meinte er, als ich ihm sagte, daß ich mich

in ihn verliebt hätte. »Ich bin alt, ich bin fast fünfunddreißig, ich bin Engländer. In ein paar Jahren wirst du vor Scham vergehen bei dem Gedanken, daß du mir gesagt hast, du seist in mich verliebt.«
Nachts wartete ich darauf, daß er nach Hause käme. Ich sagte mir: »Wenn er jetzt an der Garage ist und aus dem Auto steigt, dann kommt er gleich den Weg herauf und ist in fünfeinhalb Minuten an der Tür«; dann begann ich von neuem: »Wenn er jetzt ...«, bis ich endlich die Tür zugehen hörte und das Geräusch seiner heraufkommenden Schritte. Ich rief »Patrick?«, und er öffnete meine Tür und sagte: »Das gibt es doch nicht, daß du immer noch wach bist, du dummes Mädchen. Ich putze mir schnell die Zähne, und dann komme ich zum Gute-Nacht-Sagen.«
Er kam und setzte sich auf mein Bett, und ich war unendlich glücklich. Wir redeten und lachten. Ich war verrückt nach seinem britischen Humor, nach seiner glatten Haut, die man unter dem Hemd sah, wenn er es aufknöpfte und die Krawatte auszog, nach seiner sanften, brüderlichen Art.
Einmal legte er mir beide Hände auf die Schultern und küßte mich. Danach sagte er »Forgive me« und ging.

Ich hatte Gianni nicht vergessen, aber es war nicht einfach, ihn von Florenz nach Rom zu bringen. Die Alliierten hatten die Bewegungsfreiheit der Zivilisten eingeschränkt und gewährten nur selten Genehmigungen für Zivilfahrzeuge. Gianni war nicht in der Lage, in einem Jeep zu reisen. Eines Tages traf ich Dino Philipson, einen Politiker, der mit der Regierung Badoglio im Süden gewesen war. Jahrelang hatte er als Antifaschist in seiner Villa zwischen Florenz und dem Meer quasi als Verbannter gelebt. Er suchte jemanden, der ihn nach Florenz bringen könnte, und sagte mir, wenn ich ihm ein Auto und einen Chauffeur verschaffte, würde er auf dem Rückweg Gianni mitnehmen. Bei Fiat hielten sie das für eine glänzende Lösung und fuhren sofort los.
Nachdem Gianni im Haus war, wurde das Zusammenleben mit den Alliierten sehr schwierig. Wir tauschten noch einmal die Zimmer und die Betten, aber dann mieteten sich der Oberst und der Captain eine Wohnung und zogen aus. Mir tat es leid, daß sie uns verließen. Mit dem Colonel verstand ich mich ausgezeichnet, und ich hatte mich immer darauf gefreut, ihn beim Heimkommen anzutreffen. In Patrick war ich verliebt. Aber ich wußte, daß sich die beiden mit Gianni nicht verstehen würden und daß es dadurch für mich zu einer unerträglich gespannten Atmosphäre käme.

Gianni war auf Krücken, abgezehrt und blaß angekommen, mit einem Furunkel mitten auf der Stirn, kurz geschnittenen Haaren und unstetem Blick. Alle Mädchen, die ihn besuchten, verliebten sich in ihn. Daß er Invalide war, weckte ihre romantischen Gefühle.

Ich studierte Medizin an der Universität Rom und ging, sooft ich konnte, ins Krankenhaus. Die Zustände dort waren tatsächlich verheerend. Ein kleiner neapolitanischer Junge lag mit kahlgeschorenem Kopf und großen, um Liebe bettelnden Augen in seinem Bett. Er hatte beide Oberschenkel gebrochen, und niemand hatte sie ihm ruhiggestellt, da es keine Gipsbinden gab.

Er war ganz allein; er war in Neapel überfahren worden, und die Alliierten hatten ihn nach Rom gebracht. Eine unglaubliche Zahl verlassener Kinder bevölkerte Italien. Sie waren entweder verlorengegangen oder Waisen geworden, waren einem Soldaten nachgezogen, der sie aufgelesen hatte, oder aber aus Abenteuerlust von zu Hause weggelaufen. Dieser kleine Neapolitaner jammerte nie. Er nahm meine Hand und bat mich um Makkaroni mit Tomatensoße. Pasqualina kochte ihm öfter eine kleine Schüssel Nudeln mit Parmesan und Tomaten und brachte sie ihm ins Krankenhaus.

»Signurì«, rief er, sobald ich in seinen Krankensaal kam, und hob lachend den Kopf vom Kissen. Wenn er die Schüssel Makkaroni sah, leuchteten seine Augen vor Freude. Er setzte sie sich auf die Brust und aß sie bis zum letzten Soßentropfen leer. Später entwickelte sich bei ihm eine Knochenmarkentzündung, und das Fieber zehrte ihn auf.

Es ging ihm immer schlechter, seine dunkle Haut spannte sich um die Knochen wie ein Taucheranzug, der jeden Tag etwas enger wird. Als er eines Tages die Makkaroni nicht aß, wußte ich, daß es mit ihm zu Ende ging. Er klammerte sich fiebernd an mich und flehte mit den Augen um etwas, das ich nie erfahren habe. Er starb, ohne seinen Vater oder seine Mutter oder den Namen irgendeines anderen Menschen zu erwähnen.

Am nächsten Tag wurde ein kleines Mädchen eingeliefert mit blonden schulterlangen Locken. Es hatte ebenfalls beide Beine gebrochen und war allein. Ich überredete eine Freundin, sich im Krankenhaus als Tante des Kindes auszugeben und die für eine Entlassung notwendige Unterschrift zu leisten. Dann bat ich Patrick, mit dem Auto zu kommen und das Kind in die orthopädische Klinik zu bringen, wo ich sicher war, daß es eingegipst würde.

Er kam, transportierte das kleine Mädchen in die Universitätsklinik und brachte mich dann nach Hause zurück. »Suni«, sagte er, »du kannst nicht gegen die Welt kämpfen. Was nützt das? Nach diesem Kind kommen zehn andere: Hunderte in allen Krankenhäusern Italiens. Was willst du dagegen tun? Jeden Tag ein Kind aus einem Krankensaal stehlen?« Ich wußte darauf keine Antwort.

Mein Plan war, eine Anzahl Ambulanzen zu organisieren, die den alliierten Streitkräften folgen und die verletzten Zivilisten in die Krankenhäuser transportieren sollten. Den Militärambulanzen war es nämlich verboten, Zivilisten zu befördern, und ich hatte immer noch Gianni vor Augen, wie er mit seinem zertrümmerten Fuß am Boden lag.

Es gelang mir, fünf Fiat-Autos aufzutreiben, die in Krankenwagen umgewandelt werden konnten. Ich bewog das Generalsekretariat des Roten Kreuzes, die Bildung einer Gruppe freiwilliger Helferinnen, die die Wagen chauffieren sollten, zu genehmigen. Ich erreichte, daß uns die Alliierten Benzin und Militärverpflegung gewährten, wenn wir im Gefolge der Streitkräfte fuhren. Ich fand zehn Mädchen, die bereit waren, einen Ausbildungskurs zu absolvieren und sich dann für die Zeit bis zum Kriegsende militarisieren zu lassen.

Die größte Schwierigkeit waren die Reifen. Ich ging zum Hauptquartier der Alliierten, und ich glaube, es war General Clark, der die Anweisung gab, uns Reifen für die Ambulanzen zu überlassen.

Gianni ging es besser. Mit Hilfe eines Stocks konnte er sich bereits humpelnd fortbewegen. Er wollte bald mit einem der italienischen Regimenter, die an der Seite der Alliierten kämpften, nach Norden. In Kürze würde er wieder als Verbindungsoffizier die Uniform tragen.
Die Ambulanzen standen bereit, aber es gab immer wieder ein neues Hindernis. Vom Roten Kreuz aus wurden wir gezwungen, als Gruppenleiterin eine Krankenschwester zu ernennen, deren Qualitäten in Wirklichkeit darin bestanden, daß ihr Bruder im Widerstand gefallen war.
Man fürchtete, wir würden sonst auf Kritik stoßen, da die Gruppe reaktionär erscheinen könnte. Die anderen Mädchen waren alle Freundinnen von mir, und viele stammten aus aristokratischen Familien: Topazia, Marilise Carafa, Letizia Boncompagni. Von meinem Namen ganz zu schweigen.
Wir mußten auf die Forderung eingehen, da wir sonst keine Genehmigung zur Abreise erhalten hätten.
Ich begann plötzlich, abends mit Jungen auszugehen. Sie führten mich zum Tanzen, machten mir den Hof, küßten mich, und ich hatte meinen Spaß dabei. Wenn ich jetzt zu Patrick sagte, ich sei in ihn verliebt, dann war das nur noch halb wahr.
Ottavio Montezemolo, den die Alliierten wegen seines hel-

denhaften Verhaltens im Krieg aus einem Gefangenenlager freigelassen hatten und der jetzt mit ihnen kämpfte, besuchte mich sehr häufig. Sein vollständiger und sehr piemontesischer Name lautete Lanza Cordero di Montezemolo.
Als Raimondo erfuhr, daß ich mit ihm ausging, schenkte er mir für das Armaturenbrett meines Krankenwagens eine Silberplakette mit dem hl. Christophorus, auf der stand: »Look at me and not at Lanza.« Raimondo sagte mir auch jetzt noch, daß wir nach Kriegsende heiraten würden. Er pendelte zwischen Sizilien und Rom, um sein kompliziertes Gefühlsleben zu befriedigen, und er brachte es fertig, mich immer wieder zu faszinieren und mir gleichzeitig das Leben unerträglich zu machen.
Mein Marineheld bat mich, ihm bei meiner Abreise das rote Kreuz, das ich an einem Kettchen um den Hals trug, dazulassen.
Am besten von allen gefiel mir jedoch Dario mit seiner Schildpattbrille: ein hübscher Junge aus Mailand, Jude und Verbindungsoffizier der VIII. Armee. Er war in mich verliebt. Wir hatten viel Spaß zusammen.
Topazia sagte, ich ginge mit zu vielen Jungen aus.
Und ich antwortete: »Wozu treu sein, wenn man nicht verliebt ist.«

Wir standen in Reih und Glied. Blaugrüne Soldatenjacken, blaugraue Röcke und auf dem Kopf ein ebenfalls blaugraues Käppchen, das Topazia scheußlich fand; die fünf Ambulanzen in einer Reihe hinter uns. Der Militärbischof spendete uns den Segen, und wir fuhren los in Richtung Norden. Wenig später war der Krieg zu Ende.
Jetzt, nach der Befreiung ganz Italiens, kontrollierten die Partisanen sämtliche Städte nördlich von Florenz.
Mussolini war mit seiner Geliebten und anderen Parteigrößen getötet und in Mailand auf dem Piazzale Loreto mit dem Kopf nach unten aufgehängt worden. Die Menge ergötzte sich an dem Schauspiel und schoß auf die Leichen.
Unsere Gruppe teilte sich. Zwei Ambulanzen blieben in Bologna: Topazia mit Annamaria, Marilise mit mir. Wir schliefen sehr wenig und zu den seltsamsten Stunden im Konvikt der Krankenschwestern des Spitals. Die Alliierten überließen uns die eisernen Rationen, jene mysteriösen braunen Büchsen, die für uns Italiener eine ständige Überraschung darstellten: Fleisch, Kekse, Schokolade, eine Zigarette. Wir aßen im Auto, während wir über Straßen fuhren, die durchlöchert waren wie ein Stück Schweizer Käse. Auf manchen kam man nur im Schrittempo vorwärts. Schickte man uns gelegentlich in etwas abgelegenere Gebiete, um ein Kind in ein Genesungsheim oder eine Nonne in ein Al-

tersheim zu bringen, und stießen wir dann plötzlich auf guterhaltene Straßen, so war das ein Gefühl, als führe man auf Samt.

Tag und Nacht warteten Leute im Krankenhaushof auf uns mit der Bitte, einen Verletzten oder Kranken zu holen und ins Spital zu schaffen. Sie stritten sich um den Vorrang; versuchten uns zu bestechen; brachten Geschenke: einen Weißbrotzopf, zwei Eier oder eine Medaille mit der Madonna. Mütter, die stundenlang in regloser Verzweiflung verharrt hatten, wurden plötzlich lebendig, um dem Krankenwagen nachzulaufen und zu rufen: »Ich bitte Sie!«

Ich chauffierte, trank Kaffee, wusch mir das Gesicht und fuhr wieder weiter. Wenn ich einschlief, träumte ich von den Menschen, die unten im Hof auf mich warteten und »Ich bitte Sie!« riefen. Mir kamen die deutschen Soldaten in den Sinn, die zu müde gewesen waren, um Gianni ins Krankenhaus zu schaffen. Ich stand auf, trank wieder einen Kaffee und setzte mich von neuem ans Steuer der Ambulanz. Ich vergaß die Müdigkeit und lebte in einer Art Rauschzustand, als ob mein Körper gar nicht zu mir gehöre. Ein paar Ärzte halfen uns. Andere haßten uns, weil wir von den Alliierten uneingeschränkt Benzin erhielten und unabhängig waren. In ihren Augen waren wir »Prostituierte«.

Einem Arzt erzählte ich, daß die Alliierten ein neues Heilmittel hätten, »Penizillin«, mit dem man Infektionen in außergewöhnlich kurzer Zeit heilen könne. Er lachte laut heraus.

»Und Sie glauben an diese Märchen? Mein Gott, müssen Sie dumm sein.«

Eines Tages brachte ich aus einem Kindergenesungsheim in den Hügeln um Modena eine Gruppe kleiner Mädchen nach Hause. Sie erzählten, daß die Nonnen sie zur Strafe im Winter vor dem offenen Fenster hatten knien lassen oder daß sie die ganze Nacht stehend der Agonie einer sterbenden Kameradin beiwohnen mußten. Eines der Mädchen hatte ein Gesicht wie eine alte Frau, die Haut war grau und pergamentartig. Es erklärte uns kühl, es werde auf alle Fälle vor dem nächsten Winter sterben. Selbst ihre verklebten Haare waren von Krankheit gezeichnet.

Wir fuhren auf verminten Straßen, um in ein zerstörtes Dorf zu kommen, in dem der süßliche Geruch der verwesenden Leichen so stark war wie der von faulenden Blumen in einem geschlossenen Raum. Wir mußten einen Jungen holen, der seit Wochen mit gebrochenen Beinen dort lag.

Wir transportierten Sterbende nach Hause und Opfer von Verkehrsunfällen, die am Straßenrand liegengeblieben waren, ins Krankenhaus.

Wir kamen bis hinauf nach Ravenna und bis zur Adria, wo wir für ein paar Minuten anhielten, um das weite grünliche und melancholische Meer zu betrachten. Vor dem Einschlafen diskutierten wir. Topazia und ich sahen das Leben von zwei verschiedenen Standpunkten aus. Sie behauptete, solange nur irgend etwas Gutes existiere, mache es nichts, daß auch falsche Dinge passierten. Ich dagegen sagte, daß das Gute immer unterliege, solange es unehrliche Menschen und falsche Handlungen gebe. Sobald wir aufwachten, redeten wir weiter.

War ich mit Marilise im Krankenwagen, sprachen wir von etwas anderem: von Männern. Marilise ärgerte und amüsierte mich. Sie war so ganz anders als ich: herausfordernder, knallrot geschminkter Mund, offene Haare, oberflächliche Anschauungen; sie nahm das Leben, wie es kam, und dachte, daß nichts jemals den Lauf der Dinge ändern könne. Ich dagegen vertrat die Ansicht, die Menschen könnten die Welt verändern.

Topazia sagte mir, meine Mutter sei in Mailand. Sie sei zu Fuß über die Grenze gegangen. Ich war krank vor Sehnsucht nach ihr, und sobald sich die Gelegenheit ergab, fuhren wir nachts los, um einen Kranken nach Mailand zu bringen.
An jeder Kreuzung warteten Leute darauf, von jemandem mitgenommen zu werden. Eine andere Transportmöglichkeit gab es nicht. Unter den Anhaltern waren viele Partisanen in kurzen Hosen, mit Armbinde und rotem Halstuch. Wir nahmen alle mit, die der Krankenwagen fassen konnte. Ein Partisan mit Maschinengewehr und Pistole drängte sich mit Marilise und mir auf den Vordersitzen. Er war arrogant und unsympathisch. Er erzählte, er sei in Sizilien gewesen, um Nylonstrümpfe zu kaufen, die er jetzt im Norden auf dem Schwarzmarkt wieder verkaufen wolle. »Ich will nach Turin«, sagte er, »und wenn ihr mich nicht dahin bringt, kann ich euch mit meinen Waffen dazu zwingen.«
Ich gab keine Antwort.
»Jedenfalls«, fuhr er fort, »die Herren sind jetzt wir. Endlich ist auch der alte Agnelli hingerichtet worden. Das ist heute früh im Radio gekommen; es war ja auch Zeit.«
Ich schwieg immer noch. Als wir zur ersten Straßenkontrolle der Military Police kamen, hielt ich vor zwei amerikanischen Soldaten an, zwei großen freundlichen Negern,

und sagte laut und deutlich auf englisch: »Bitte holen Sie diesen Mann aus meinem Krankenwagen.« Sie öffneten die Tür und hoben ihn heraus. Er war so verblüfft, daß er kein Wort herausbrachte. Wir fuhren weiter, ohne zu wissen, ob das, was er gesagt hatte, stimmte oder nicht.
Ich war so müde, daß ich an Halluzinationen litt. Ich sah Menschen an Bäumen hängen und merkte danach, daß es nur Zweige waren. Ich sah Wasser, wo keines war, und Lichter inmitten des Himmels. Wir gingen zu der Wohnung, in der meine Mutter lebte, und trafen dort auch Gianni. Zwischen Mama und mir stand plötzlich eine seltsame Verlegenheit, als ob wir aus zwei verschiedenen Welten kämen. Mein Großvater war am Leben. Die Partisanen hatten sein Haus besetzt und ihm und Großmutter zwei Zimmer gelassen; es war ihm verboten, das Fiat-Werk zu betreten. Er ließ sich unter die Fenster von Mirafiori bringen und schüttelte den Kopf: »Wenn man denkt, daß ich das alles gemacht habe.« Mama war bedrückt. Die Leute, die damit angaben, daß sie meine Mutter nicht mehr grüßen würden, standen auf und küßten ihr die Hand, wenn sie ihnen in der Öffentlichkeit entgegentrat. Eines Tages klingelte in Mamas Wohnung das Telefon, und ich nahm ab. Es war Urbano Rattazzi.
»Bist du wahnsinnig? Du wirst doch sicher gesucht?«
»Kann ich zu dir kommen?«
»Ist es nicht gefährlich für dich, auf der Straße zu gehen?«
»Ich komme mit dem Fahrrad.«
Ich legte den Hörer auf und fragte die anderen: »Glaubt ihr, sie bringen ihn um?«
Zum Mittagessen ging ich zu Berta, in die Wohnung der Familie ihres Mannes. Am oberen Tischende saß eine Dame in den Sechzigern, die mit großer Würde ihr von den Partisanen kahlgeschorenes Haupt trug. Im allgemeinen zeigten

sich diese Frauen und Mädchen immer nur mit Kopftuch. Eine so mutige und betonte Gleichgültigkeit, wie sie Bertas Tante an den Tag legte, war äußerst ungewöhnlich. Sie machte auch die Unterhaltung ziemlich schwierig.
Ich ging in die Wohnung meiner Mutter zurück, und kurz darauf erschien Urbano. Er fragte mich, ob ich Valerio Borghese mit meinem Krankenwagen nach Florenz bringen könne. Als Kommandeur der Decima MAS, die gegen die Partisanen gekämpft hatte, war er zum Tod verurteilt und wurde überall gesucht. Mir war sehr unbehaglich zumute, und ich überlegte lange, bis ich ja sagte. Gott sei Dank fand sich später jemand anderer, der ihn fortbrachte.
Urbano erzählte mir, daß die Decima nach dem Fall von Nettuno in den Norden abkommandiert worden sei, um gegen die Partisanen zu kämpfen. Zu diesem Zeitpunkt habe er um seine Entlassung als Ordonnanzoffizier von Borghese ersucht und sich in seine Villa in Sestri Levante zurückgezogen; gegen Italiener weigerte er sich zu kämpfen. Jetzt wollte er das Leben seines Kommandanten retten.
Auch er war bedroht worden. Er bat mich, ihn in Forte dei Marmi unterzubringen, wo ihn keiner kenne und wo er für eine Weile aus dem Verkehr gezogen wäre. Unser Haus in Forte war weder beschädigt noch ausgeraubt worden. Die Wächter hatten alles gerettet. Es war eines der wenigen Häuser in der Gegend, die heil geblieben und noch mit Betten und Bettwäsche ausgestattet waren, so daß alle unsere Freunde auf dem Weg zwischen Rom und Turin dort Station machten. Die Hotels waren von den Alliierten beschlagnahmt, und ohne Freunde, die einen beherbergten, war es sehr schwierig, in Italien herumzureisen.
Meine Mutter war einverstanden. Ich fuhr nach Bologna zurück und versprach Urbano, ihn zu besuchen, sobald ich etwas Urlaub nehmen könne.

Eines Nachmittags fuhr ich durch eine Stadt in der Emilia, als ich mich plötzlich daran erinnerte, daß in dieser Stadt Baldetti lebte, der Feldwebel, den ich an die Bahn gebracht hatte, genau an dem Tag, an dem Badoglio den Waffenstillstand verkündete. Ich war neugierig zu erfahren, was aus diesem jungen Mann mit seiner blauen Uniform, seinem schüchternen und zugleich kecken Lächeln unter den blonden zurückgekämmten Haaren geworden sein mochte. Von zu Hause hatte er mir einige Briefe geschrieben, aber es waren typisch italienische Briefe gewesen: gefühlvoll und arm an Information.

Ich erinnerte mich an seine Adresse, und wir fanden das Haus. Eine alte Frau erschien an der Tür, die sie nur einen Spalt breit öffnete. Voll Mißtrauen schaute sie auf unsere Uniformen und die Ambulanz.

»Wohnt hier Feldwebel Baldetti?« fragte ich.

»Nein«, antwortete sie schnell. »Nein, der ist nicht hier.«

»Wo ist er denn? Geht es ihm gut?«

»Weiß ich nicht«, antwortete die Frau schroff und machte Anstalten, die Tür zuzumachen.

»Sind Sie seine Mutter?« bohrte ich weiter. »Ich möchte ihm eine Nachricht hinterlassen. Mein Name ist Suni Agnelli. Sagen Sie ihm, ich sei vorbeigekommen, um ihm guten Tag zu sagen.«

»Sie sind Fräulein Agnelli?« Sie öffnete die Tür. »Sie haben ihn im Lazarett gepflegt, nicht wahr? Kommen Sie herein. Entschuldigen Sie, aber ich wußte nicht, wer Sie sind.«
Wir gingen hinein. Es war ein Bauernhaus mit einem Hof und einem Heuschober. Wir setzten uns auf zwei Holzstühle; die Frau preßte ihre Hände zusammen, und ihre Augen füllten sich mit Tränen.
»Ist Ihr Sohn am Leben?« Ich verstand nicht, was mit ihm los war. »Ist ihm etwas zugestoßen?«
Sie schaute mich fest an, dann Marilise. Wir müssen ihr harmlos vorgekommen sein.
»Wartet einen Augenblick«, sagte sie, stand auf und verschwand im Heuschober. Marilise riß die Augen auf und machte eine typisch neapolitanische Geste zu mir, die besagen sollte: »Aufgepaßt, jetzt passiert was!«
Die Frau öffnete die Tür, die vom Heuschober auf den Hof ging, blickte nach rechts, dann nach links und machte nach hinten ein Zeichen, daß die Luft rein sei.
Ein junger Mann kam zur Tür herein: Baldetti. Er hatte Heufäden im Haar, trug ein abgewetztes Hemd mit braunen Streifen, und sein Blick war der eines Menschen auf der Flucht. Auf der Flucht werden sich Menschen und Tiere ähnlich: empfindsam und traurig, als ob sie bereits ein Opfer des Todes seien, dem sie zu entrinnen suchen.
Ich stand auf und ging ihm entgegen. Wir gaben uns die Hand. Er dankte mir für den Besuch. Ich fühlte, wie peinlich es ihm war, dabei überrascht zu werden, wie er sich im eigenen Haus versteckte. Er fuhr sich mit den Fingern durch die glanzlosen Haare, bürstete sich den Staub von den Hemdsärmeln.
Ich wollte keine Fragen stellen, und er gab von sich aus keine Erklärungen. Ich erzählte von meiner Ambulanz, von meiner Arbeit. Die Mutter sagte, es seien schreckliche Zei-

ten. Wir nickten. Ich erklärte, daß wir viel zu tun hätten und weiterfahren müßten; ich würde ein anderes Mal wieder vorbeikommen. Wir wußten alle, daß das nicht stimmte, und verabschiedeten uns mit gespielter Fröhlichkeit. Ich chauffierte den Krankenwagen schweigend; nicht einmal Marilise gelang es, mich abzulenken.

Überall hinter den Häusermauern, hinter den Toren der engen und halbverlassenen Straßen stellte ich mir Männer vor, die Angst hatten, ans Tageslicht zu kommen.

Unsere Gruppenleiterin hatte ihren Standort in einer norditalienischen Stadt. Unerwartet erschien sie in Bologna, um unsere Arbeit zu kontrollieren, und fuhr dann in den Süden weiter. Man informierte mich, daß sie den Tank ihres Krankenwagens füllte, das Benzin am Schwarzmarkt verkaufte und an der nächsten Tankstelle der Alliierten den Wagen wieder volltankte.
Unsere Nachforschungen bestätigten die Nachricht. Es kam heraus, daß sie die Ambulanz dazu benützte, nach Süden zu fahren, Waren einzukaufen und sie anschließend in Norditalien am Schwarzmarkt abzusetzen. Alles war ganz leicht. Niemand würde je den Krankenwagen kontrollieren, überall bekam sie kostenlos Benzin, und auf allen Straßen hatte sie Vorrang. Ich verachtete diese Frau, und ich haßte sie, weil sie sich für ihre Ehrlosigkeit eines Instruments bediente, das ich ihr in die Hand gegeben hatte.
Ich fuhr nach Rom und bat um eine Unterredung mit dem Präsidenten des Roten Kreuzes. Er war Archäologe mit sozialistischen Anschauungen, ein netter und gutaussehender Mann.
Ich erzählte ihm, was los war. Er zuckte die Achseln. Ich wiederholte, daß sich die Alliierten uneingeschränkt auf uns verließen und daß ich persönlich, als sie uns die Karte zum freien Bezug von Benzin ausgehändigt hätten, für deren

Gebrauch verantwortlich geworden sei. Wäre es möglich, daß er sich über die Schwere der Angelegenheit nicht im klaren sei? Er dürfe das einfach nicht zulassen. Der Name des Italienischen Roten Kreuzes stehe auf dem Spiel.
Er seufzte. »Fahren Sie in Ihrer Arbeit fort. Wir können diese Frau nicht wegschicken. Das würde einen Skandal hervorrufen und uns unpopulär machen.«
»Aber sie ist eine Diebin!« schrie ich. »Sie benützt eine Ambulanz, die ein Leben retten könnte, für ihre eigenen Geschäfte. Begreifen Sie nicht, wie ungeheuerlich das ist?«
»Tun Sie so, als ob Sie von nichts wüßten. Glauben Sie mir, es ist das Beste!«
Grußlos verließ ich das Büro. Auf der Rückfahrt nach Bologna kämpfte ich mit Tränen der Wut, und die ganze Nacht debattierte ich mit Topazia.
Auch sie begriff nicht. Ich erklärte ihr immer wieder, daß wir, sie und ich, Marilise und alle anderen mit verantwortlich seien für das, was diese Frau tat. Unser den Alliierten gegebenes Wort galt nichts mehr, wenn sie das ihre mißbrauchte. Wenn sie stahl, stahlen auch wir. Die anderen sagten, ich würde übertreiben. Wenn wir nichts dagegen tun könnten, dann sei es am besten, gar nicht darüber nachzudenken.
Ich hatte das Gefühl durchzudrehen. Ich fuhr meinen Krankenwagen Tag und Nacht und versuchte zu vergessen.

Ottavio Montezemolo hatte mir eine Nachricht hinterlassen. Er befand sich mit seinem Regiment nur wenige Kilometer von uns entfernt.
Als wir eines Morgens an dem Militärbezirk mit den Zeichen des Regiments vorbeikamen, fuhr ich hinein.
Ein Jeep mit einem Oberst und seinem Stab kam auf uns zu. Sie zeigten uns, wo wir den Hauptmann Montezemolo fin-

den konnten, und kurz darauf standen wir, an den Krankenwagen gelehnt, mit ihm unter den Bäumen einer Allee und plauderten.

Plötzlich sahen wir den Jeep zurückkommen. Der Oberst gestikulierte wild. Er stieg aus dem Jeep und ging auf mich zu: »Wenn ich gewußt hätte, wer Sie sind«, brüllte er, »hätte ich Ihnen nie erlaubt, den Bereich meines Regiments zu betreten. Wo ich kommandiere, wird keiner empfangen, der den Namen Agnelli trägt!«

»Ich bin stolz auf den Namen Agnelli«, antwortete ich.

»Ihr Stolz ist völlig unbegründet!« Er erhitzte sich immer mehr, und der Schweiß lief ihm die Wangen herunter. »Dieser Stolz ist keines Italieners würdig!«

Ottavio Montezemolo nahm Haltung an.

»Herr Oberst«, sagte er mit ruhiger Stimme, »ich habe Fräulein Agnelli eingeladen, hierherzukommen.«

»Das ist unerhört!« brüllte der Oberst nunmehr völlig außer sich, »schicken Sie sie sofort wieder weg!«

»Herr Oberst«, antwortete Ottavio, »ich bitte Sie, mich aus Ihrem Regiment zu entlassen.«

Der Oberst stieg in seinen Jeep und gab dem Chauffeur Befehl weiterzufahren.

Ich fuhr die Ambulanz auf die öffentliche Straße hinaus und hielt.

»Man sollte ihm einen Tritt in den Hintern geben«, schimpfte Marilise.

Ottavio kam mit seinem Auto. Ein Offizier folgte ihm. Er bat mich, dem Hauptmann Montezemolo zu sagen, er möchte sein Entlassungsgesuch zurückziehen, denn es sei eine Ehre für das Regiment, ihn als Offizier zu haben. Ich brach in Lachen aus; ich lachte, und die Tränen tropften mir aufs Kleid. »Zieh die Entlassung zurück, Ottavio, es nützt ja doch nichts!«

Wenn mir das Leben eine Wunde zufügte, war es immer wieder der gleiche Strand, der mich aufnahm. Forte dei Marmi hatte sich nicht sehr verändert. Ich wusch mir die Haare mit Aschenwasser, ging mit Dario am menschenleeren Strand spazieren, und wir streckten uns unter den Pinien aus. Das Haus war voller Leute. Jeder schlief mit jedem unter Außerachtlassung fast jeglicher Diskretion. Das Ende des Kriegs hatte eine sexuelle Explosion hervorgerufen.
Wir aßen Muscheln, Fische und Schwarzbrot. Die »Capannina« war offen, und man tanzte barfuß die ganze Nacht hindurch. Die Alliierten führten DDT und Whisky mit sich. Negersoldaten fuhren von und zu einem »Freudendorf« in der Pineta von Migliarino, in dem Mädchen, Kinder und Soldaten in einer ständigen Orgie lebten; aus dem riesigen Versorgungslager der Alliierten bei Livorno klauten sie, was ihnen in die Finger kam.
Der Schwarzmarkt stand in voller Blüte. Man konnte jedes amerikanische Produkt kaufen: Waffen, Uniformen, Lebensmittel, Kosmetika, Alkohol, Medikamente.
Urbano bereitete sich auf das Staatsanwalts-Examen vor. Er war mager, blaß, und seine grünen Augen leuchteten. Ich kam an ihm vorbei, als ich mit Dario, der mich am Arm hielt, zum Meer ging. Er schaute von seinem Buch auf. »Du

hast Augen wie grüne Mandeln«, sage ich zu ihm, und im Weitergehen dachte ich an die samtene Schale einer Mandel, die man vom Baum pflückt.
Dario fuhr nach Rom, wo ihn sein alliierter Vorgesetzter erwartete. Er versprach, bald wiederzukommen.
Meine Mutter kehrte in die Schweiz zurück. Im Haus blieben nur noch Urbano und ich. Wir saßen plaudernd unter den Pinien. Ich blickte in seine Augen und lächelte. Als wir uns küßten, nannte ich ihn »Mandorlino«, Mandelbäumchen.
Dario kam drei Tage später frühmorgens zurück. Er lief in mein Zimmer, Urbano saß auf meinem Bett.
»Komm mit an den Strand«, sagte er, »komm, wir baden!«
»Setz dich her, Dario«, ich hielt ihn fest, »ich möchte dir etwas sagen: Urbano und ich heiraten.«
Er fing an zu lachen.
»Wie witzig!« rief er aus.
»Aber das ist kein Witz.«
»Na gut«, sagte er, »ihr heiratet. Bitte. Aber jetzt hör auf mit diesem Blödsinn und komm mit zum Baden. Mir ist heiß.«
Er blieb an der Tür stehen, drehte sich um und schaute uns an.
»Ihr seid ja verrückt«, schrie er, »ihr seid völlig verrückt!« rannte die Treppe hinunter und fuhr mit dem Auto davon.

Neun Tage waren seit meiner Abreise von Bologna vergangen. Topazia, Marilise und Annamaria kamen zur Hochzeit. Wie es ein englischer Aberglaube verlangt, trug ich ein altes Kleid und ein Paar neue Holzschuhe, eine blaue Strickjacke, ein rosa Band am BH und einen geliehenen Schleier auf dem Kopf.

Topazia fuhr mich in ihrer Ambulanz zur Kirche von Forte
dei Marmi. Gianni begleitete mich humpelnd zum Altar.
Als er mich verließ, drückte er mir fest die Hand.
Urbano wartete.
Ich blickte in seine grünen Augen und dachte, daß das Leben
nun eine grüne Wiese würde, grün wie seine Augen und voll
von herumspringenden Kindern.

15. Oktober 1974